MICHAEL HIRSCH

RICHTIG FALSCH

Es gibt ein richtiges Leben im Falschen

Textem Verlag

Kleiner Stimmungs-Atlas in Einzelbänden
Hg. Gustav Mechlenburg, Nora Sdun
Gestaltung: Christoph Steinegger/Interkool
Korrektur und Lektorat: Textem
Abbildungen: Faximiles der handschriftlichen
Notizen des Autors Michael Hirsch

Bd. 23 – R: Richtig falsch. Es gibt ein richtiges Leben im Falschen
Michael Hirsch

© Textem Verlag, Hamburg 2019
Druck: druckhaus köthen
ISBN 978-3-86485-135-3
www.textem-verlag.de

Gedruckt mit freundlicher Unterstützung durch
die Rosa Luxemburg Stiftung

ROSA LUXEMBURG STIFTUNG

INHALT

I

1. Minima Moralia — 11
2. Konservatismus und Apokalypse — 14
3. Ende der Großen Erzählungen — 15
4. Souveränität — 17
5. Tugend und Ethos geistiger Arbeit — 18
6. Geschmack — 18
7. Zeit der Enttäuschung — 19
8. Die neue Arbeitsethik — 20
9. Theorie und Praxis I — 20
10. Erzwungene Wahl – falsche Alternativen — 21
11. Ende des Wachstums und Rückbildung der Gesellschaft — 22
12. Das Sagbare und das Machbare — 23
13. Bestimmte Negation — 26
14. Ende der Geschichte oder Fortschritt — 27
15. Wie zu leben ist — 28
16. Männliche Herrschaft – Kampf ums Dasein — 30
17. Gemeinschaft – Dabeisein — 34
18. Das gute Leben – das richtige Leben — 34
19. Individuum und Gesellschaft: Habitus und Verkörperung — 35
20. Kunst der Übertreibung — 36
21. Es gibt ein richtiges Leben im falschen — 38

II

1. Nichts Neues – Modelle des Richtigen — 40
2. Über das Teilen – Über das Gemeinsame von Lebensformen — 43
3. »Das Volk« – Ontologie der Herrschaft — 43
4. Emanzipation oder Konservatismus — 45
5. Linker Neoliberalismus und Kontrollgesellschaft — 46
6. Bündnis von Konservatismus und Progressismus — 47
7. Arbeiten und Leben — 48
8. Der feine Unterschied – die winzige Verschiebung — 49
9. Freiheit und Gleichheit – politisch und geistig — 51
10. Nullsummenspiele I — 52
11. Kritische Theorie als Form — 55
12. Begriff und Existenz des Intellektuellen — 57
13. Notwendigkeit von Kulturkritik – Lebensformen — 58
14. Fortschritt der Theorie — 59
15. Generationenkonflikte — 61
16. Logik des Gebrauchs — 64
17. Modell — 64
18. Die freie Gesellschaft – Tätigkeiten und Fähigkeiten — 65
19. Leben und Arbeiten – Leben und Werk — 68
20. Verwandlung — 69

III

1. Rätsel der Zeit — 70
2. Zauberei des Rufens — 70
3. Knappheit der Zeit, Kostbarkeit der Zeit — 72
4. Maß des Falschen — 74
5. Ökonomien der Gabe und gegenseitigen Abhängigkeit — 75
6. Theorie und Praxis II — 76
7. Kolonisierung der Lebenswelt — 77
8. Nullsummenspiele II — 78
9. Qualunque – irgendjemand — 80
10. Soziale Arbeitsteilung und Vielfalt — 81
11. Transdisziplinarität — 82
12. Unansprechbarkeit — 83
13. Bürgerliche Linksintellektuelle — 84
14. Aufstiegshoffnung und Abstiegsangst — 84
15. Die Unterforderung des Publikums — 86
16. Leben als Modell — 87
17. Ortloser Geist — 90
18. Verweigerung – Intellektuellenarbeit — 92
19. Änderung des Ganzen und Geist von 1968 — 93

IV

1. Die Ausnahme und die Regel – die wenigen und die vielen — 96
2. Nichtidentität — 97

3.	Über das Weglassen	99
4.	Paradoxien des Lassens	101
5.	Über das Unbeabsichtigte	101
6.	Eine neue Epoche – linke Ideenpolitik	102
7.	Über die Rechtfertigung und die Rechtfertigungsverhältnisse	105
8.	Das Scharfe und das Milde	106
9.	(Kein) richtiges Leben im falschen I	107
10.	Der Renegat	108
11.	Eine neue Große Erzählung	110
12.	Worum es geht	111
13.	Lebensform der Intellektuellen	112
14.	Einzelne und Ganzes (Bourdieu)	114
15.	Gewinne und Verluste	115
16.	Geistige Arbeit und Lebensweise	116
17.	Kommende Gemeinschaft – isolierte Individuen – Messianismus	117
18.	Vereinfachung	118

V

1.	Elitendämmerung, Expertokratie und Populismus	121
2.	Gewöhnung und Erziehung	123
3.	Der Alltag – das Gewöhnliche	123
4.	Der Renegat – der letzte Mensch	125
5.	Konservatismus – Verlängerung der Gegenwart in die Zukunft	127
6.	Was fehlt	128
7.	Schicksal der intellektuellen Linken	134

8.	Stärke und Schwäche der Linken	135
9.	Die intellektuelle Funktion	136
10.	Bürgerliche Kultur	137
11.	Emphatisches Denken	139
12.	Innerlichkeit, Einsamkeit, Rettung	140
13.	Entwicklung und richtiges Leben	142

VI

1.	Hegemonie und Ideologie	145
2.	Kunst und Leben	148
3.	Als ob I	149
4.	Kommunismus I	152
5.	Emphase und Imperativ des Denkens	153
6.	Freiheit und Zweck an sich selbst	154
7.	Philosophie – Erschütterung der Meinungen	156
8.	Singuläre Einzelne	156
9.	Über das (Auf-)teilen und die Gabe	157
10.	Soziale und kulturelle Hierarchien	158
11.	Kulturelles Kapital	160
12.	Eine andere Zeit – Fortschritt und Geschichtsphilosophie	161
13.	(Kein) richtiges Leben im falschen II	163
14.	Anders leben	165
15.	Das Einfache und das Wesentliche – reale Wahrheiten und Emphase	167

VII

1. Kommunismus II — 169
2. Nach 1968 – Enttäuschungen und Vereinnahmungen — 169
3. Geistpolitik – Ethik – Lebensweise — 170
4. Restauration – Intensivierung der Arbeit — 171
5. Der Unterschied des Denkens — 174
6. Als ob II — 175
7. Ästhetik und Ethik des Beiläufigen — 175
8. Toleranz — 176
9. Kulturkritik, Pessimismus, Trauer — 177
10. Einsamkeit und Teilhabe – eine Lebensform — 178
11. Selbstkritik des bürgerlichen Linksintellektuellen — 179
12. Der Unterschied – Passion der Ungleichheit — 180
13. Stelle – Jeder an seinem Platz — 181
14. Habitus – Ausnahme und Regel — 184
15. Leiden als Qualifikation und Distinktionsmerkmal — 188

Es gibt ein richtiges Leben im falschen

I.

1. MINIMA MORALIA

Die ethische Frage nach dem richtigen Leben fällt für das progressive Denken zusammen mit der politischen Frage nach der »richtigen« Einrichtung der Gesellschaft. Theodor W. Adorno schrieb *Minima Moralia* im Angesicht der Katastrophe, während und nach dem Zusammenbruch der bürgerlichen Gesellschaft im 20. Jahrhundert. Er war dabei getrieben von einer Hoffnung auf eine wirklich emanzipatorische Veränderung der Gesellschaft. Sein messianischer Grundzug hinderte ihn daran, dabei viel konkreter zu werden. Die gesuchte qualitative Änderung der Verhältnisse wird nicht im Modus einer totalen Revolution vorgestellt. Vielmehr erscheint in diesem Denken der »richtige Zustand« als nur um ein Geringes verschieden vom bestehenden – und nichts lässt sich darüber sagen, wie es dann, in einem anderen, befreiten Zustand vielleicht wäre.

Heute haben wir es nicht nur mit einer nationalen oder europäischen, sondern globalen Krise der Wirtschafts- und Gesellschaftsordnung zu tun. Wir leben in einer umfassenden Krise der politisch-staatlichen, aber auch der kulturellen Ordnungsmuster der Organisation und Aufteilung sozialer Aufgaben, Beiträge und Belohnungen. Unübersehbar sind die Symptome eines Verfalls der Gesellschaft; einer Rückbildung erreichter zivilisatorischer Standards in sozialer, ökonomischer, politischer und kultureller Hinsicht. Es gibt eine Rückbildung der Gesellschaft und eine autoritäre Krisenverwaltung durch die Eliten in Politik, Wirtschaft und Kultur. Überall nehmen Diskurse der Not und des Mangels überhand, installieren sich Regime des Ausnahmezustands im Recht, in der Regierung, in den Familien, in den Arbeitsbeziehungen, ja bereits in der Alltagssprache. Das Klima und die herrschende Sprache werden zunehmend sozialdarwinistischer. Dies soll uns an härter werdende Kämpfe ums Dasein und zahlreicher werdende Opfer gewöhnen (in demokratischer, sozialer, wirtschaftlicher, psychischer, ökologischer und kultureller Hinsicht). Es sind, so scheint es, unvermeidliche Opfer bei der Verteidigung dessen, was man gemeinhin »unseren Lebensstandard« nennt: die gewohnten Lebensformen, die gewohnten Produktions-, Arbeits- und Konsumweisen.

Die herrschenden Diskurse übernehmen stets, so auch in dieser Situation, eine erzieherische Funktion: Man soll mit dem Bestehenden zufrieden sein, dessen Fortbestehen durch die staatlichen und wirtschaftlichen Stellen notdürftig gesichert wird. Wir sollen mit dem Überleben zufrieden sein, lernen, Abstriche zu machen bei den qualitativen Ansprüchen an das eigene Leben, der eigenen Autonomie und der Gestaltung gesellschaftlicher Verhältnisse. Das gilt gerade auch für die Intellektuellen, die kulturellen Eliten selbst. Früher hatten sie, wie zum Beispiel Adorno, immer ihre Eigenheit betont, ihr – stets gefährdetes – relatives soziales Privileg des Abstands zu bestimmten gesellschaftlichen Zwängen und Machtverhältnissen. Insbesondere die Progressiven unter ihnen hatten ihre dem Anspruch nach radikale Freiheit betont, die qualitative Differenz zur bürgerlichen Gesellschaft und dem vorwaltenden Prinzip der Selbsterhaltung. So haben Konservative wie Helmut Schelsky denn auch seit den 1970er Jahren immer gerne einen betonten Antiintellektualismus gegen die Intellektuellen im Allgemeinen, die Linksintellektuellen im Besonderen in Stellung gebracht und ihnen vorgehalten: »Die Arbeit tun die anderen.«

Heute scheint es eher so, dass viele Intellektuelle der Gesellschaft beweisen wollen, dass sie arbeiten wie die anderen: dass sie »hart arbeiten«. Sie suchen ihren Fleiß und ihre soziale Nützlichkeit zu erweisen und erniedrigen sich vor staatlichen wie privaten Geldgebern. Die eigentliche Änderung liegt in einem Wandel der Rechtfertigungs- und Legitimationsverhältnisse: der symbolischen Gewaltverhältnisse. Hatte früher »die Gesellschaft« sich vor der Macht des intellektuellen Arguments, des Wahrheits- und Gerechtigkeits-, des Demokratie- und Emanzipationsanspruchs zu rechtfertigen, so scheint es heute eher umgekehrt: Anstatt das Bestehende als falsch zu kritisieren, gerät die intellektuelle Klasse vor der Gesellschaft unter Rechtfertigungsdruck. Innerhalb kultureller Institutionen wie der Universität oder den Rundfunkanstalten, den Museen und Schulen, den Theatern und Forschungseinrichtungen entsteht ein Druck auf die etablierten bürgerlichen Kultureliten, sich zu rechtfertigen und ihre Nützlichkeit zu erweisen. Dieser Druck erreicht auch die Masse der unsicher beschäftigten proletarisierten Wissensarbeiter, das kulturelle, akademische, künstlerische und journalistische Prekariat. Unter diesem Druck hat sich die Grundstimmung intellektueller Arbeit und mit ihr die Sprache verwandelt. Hier muss emanzipatorisches Denken ansetzen.

2. KONSERVATISMUS UND APOKALYPSE

Walter Benjamin hatte in seinen geschichtsphilosophischen Aufzeichnungen notiert: »Dass es so weitergeht, *ist* die Katastrophe.« Nicht das, was bevorsteht, was uns vielleicht droht, sondern die bestehende Situation in ihrer konkreten Qualität und Bedrohlichkeit ist bereits eine Katastrophe – im Vergleich mit den fortschrittlichen Möglichkeiten der Gesellschaft. Heute, so scheint es, wird hingegen davon geträumt, dass es irgendwie so weitergeht – obwohl alle durchaus wissen, dass es nicht weitergehen kann wie bisher mit unserer gewohnten Lebens-, Produktions- und Konsumweise. Dieser Traum ist die Signatur unserer Gegenwart. Die Aufgabe progressiver, intellektueller Arbeit ist die Ermöglichung eines *Erwachens*, was wiederum durchaus im Sinne von Benjamins geschichtsphilosophischen Spekulationen ist. Worauf die fortschrittliche Hoffnung sich zunächst bezieht, ist die Vorbereitung eines kollektiven Erwachens aus dem konservativen Traum des Weiter-so. Er ist so eng mit einer menschheitlichen Apokalypse verbunden, dass darüber Walter Benjamins messianische Hoffnung auf den wirklichen Ausnahmezustand zu einer harmlosen Kinderei zu werden droht. Benjamins Hoffnung einer geschichtsphilosophischen Rettung aus der Katastrophe der bloßen Fortsetzung des Bestehenden erscheint aus der heutigen Gegenwart betrachtet vielleicht weniger als eine verzweifelte denn als notwendige Hoffnung.

3. ENDE DER GROSSEN ERZÄHLUNGEN

Das 20. Jahrhundert war, so heißt es oft, das Zeitalter der Ideologien. Für seine Intellektuellen kam alles darauf an, einen Auftrag zu haben, eine Mission, eine Aufgabe. Heute hingegen scheint es eher umgekehrt: Nicht Utopien sind in Mode, sondern eher Dystopien. Scheinbar gibt es nur noch das Bestehende und seinen drohenden Zusammenbruch, den es abzuwenden gilt um der Aufrechterhaltung der zivilisatorischen und materiellen Standards willen. Was wir bräuchten, wären Entwürfe und Visionen, um ein neues Niveau zu erreichen.

Nicht bloßer Erhalt des Bestehenden, sondern Verbesserung des Lebens aller (um den Preis eines teilweisen Verzichts auf bestimmte Formen des Wohlstands vieler zugunsten der Bedürfnisbefriedigung aller im Weltmaßstab). Wir schrecken bisher vor dieser Aufgabe zurück. Vielleicht weil wir ahnen, dass wir dafür nicht den Mut haben; nicht die Nerven, die moralischen und kulturellen Mittel. So sehr haben sich die meisten an das scheinbar Normale und Selbstverständliche gewöhnt, so haben auch die meisten Intellektuellen keinen »höheren Auftrag« mehr, sind aber glücklich, wenigstens irgendein »Projekt« zu verfolgen.

Jean-François Lyotards Rede vom Ende der Großen Erzählungen in seinem Traktat *Das postmoderne Wissen* im Jahr 1979 hat sich mit der Zeit immer mehr als zutreffende Voraussage herausgestellt. Die emanzipatorischen Zukunftsentwürfe, ganz gleich im Namen welchen Subjekts und welchen Projekts, sind weitgehend aus unserem kulturellen Diskurs verschwunden. Was Lyotard damals nur andeutete: Die eigentlich nur partielle, »lokale« Autorität der Diskurse der »Experten« und »Berater« hat sich an die Stelle der übergreifenden geschichtsphilosophischen Erzählungen der Denker gesetzt. Er hätte es besser wissen müssen: Es gibt keine Gesellschaft ohne orientierende kulturelle Erzählungen, ohne Ideologien, ohne Ideen im starken Sinne. Es fragt sich nur, von welchen Subjekten, mit welcher Autorität, im Namen welcher Ansprüche und in welcher Sprache sie ausgearbeitet und öffentlich artikuliert werden. Man hätte es wissen können und wissen müssen, und eigentlich haben wir es schon immer gewusst: dass die schlimmste Ideologie, die betrügerischste Idee eine ist, die sich nicht als solche zu erkennen gibt. Der Glaube an die Diskurse von Experten und Beratern ist direkt gegen die moralische und politische Autorität von freien Intellektuellen gerichtet. Von der Beschädigung im Begriff des Fortschritts, die von der schleichenden Gewalt dieser Denkformation ausging, haben wir uns bis heute nicht erholt.

4. SOUVERÄNITÄT

Georges Bataille hatte es genau gesagt: Die Souveränität ist nichts – oder Nichts. Sie ist auf nichts gegründet und kann nichts begründen. Sie ist eine ethische Behauptung, sozusagen das Performativ geistiger Arbeit und geistiger Existenzweisen überhaupt. Die Souveränität ist die ursprüngliche Gabe des Denkens; ein emphatischer Selbstzweck des geistigen Daseins. Sie wird behauptet und verteidigt, beschworen und inszeniert. Ihr kategorischer Imperativ lautet: Du sollst dich nicht rechtfertigen; du sollst dich nicht der Gewalt der symbolischen Rechtfertigung gegenüber der Macht unterwerfen. Das betrifft nicht nur die Arbeitsweise der Intellektuellen. Es betrifft ihre ganze Lebensweise.

5. TUGEND UND ETHOS GEISTIGER ARBEIT

Heute werden Intellektuelle, zumal die Wissenschaftlerinnen und Wissenschaftler, immer mehr zu Knechten des Staates, der Geldgeber, der Verwalter und der Sponsoren. Sie hätten, wenn sie ihre »Aufgabe« ernst nähmen, ein vitales Interesse an einer gleichsam konservativen Bewahrung: Treu bleiben der Tugend intellektueller Arbeit, den Glauben daran bewahren – trotz allem weitermachen und weder zynisch noch heuchlerisch werden. Weder an der Macht der anderen noch an der eigenen Ohnmacht verzweifeln. Das ist die Tugend geistiger Arbeit; das Gebot intellektueller Politik.

6. GESCHMACK

Natürlich hat Pierre Bourdieu recht, wenn er in *Die feinen Unterschiede* den Geschmack und die mit ihm verbundenen Urteile (über sich selbst und über andere, über Dispositionen und Gewohnheiten) als Mittel und Symptom der sozialen Distinktion begreift. Es geht immer auch darum bei der eigenen Geschmacksbildung und Geschmacksausübung: Abgrenzung von den anderen, Erzeugung eines Überlegenheitsgefühls, symbolische Positions- und Klassenkämpfe aller Art (von oben nach unten wie umgekehrt von unten nach oben). Aber es geht eben *nicht nur*, nicht unbedingt immer in erster Linie darum. Es gibt ein überschießendes, allgemeines und utopisches Moment im ästhetischen Urteil. Das entspricht auch Kants Bestimmung des Geschmacksurteils in der *Kritik der Urteilskraft*: »interesseloses Wohlgefallen« – ein allgemeines Modell, eine universale Disposition des Wahrnehmens und Verhaltens den Dingen gegenüber. Allerdings befinden sich auch diese reinen, interesselosen Urteile und Erfahrungen in einem sozialen Kontext, der einer von Machtverhältnissen, Ungleichheiten und Statuskämpfen ist. Aber mit einem durch Adorno angereicherten Kant ist darauf zu insistieren: Kunst und ihre modellhaften Gebilde und Verhaltensweisen sind eben auch Modelle einer Gesellschaft, eines sozialen Verhaltens oder Verhältnisses ohne solche, oder jenseits solcher Unterscheidungen und Statuskämpfe. Darin liegt die Utopie – der Kunst ebenso wie der Gesellschaft.

7. ZEIT DER ENTTÄUSCHUNG

Die Geschichte wurde von vielen Beobachtern immer als Instanz oder Gericht gesehen. Sie habe gezeigt oder bewiesen, dass wir uns getäuscht haben in unseren hohen Erwartungen an die Gestaltung der Zukunft. Die Geschichte kleidet sich heute in das Gewand der Enttäuschung. Das ist der kategoriale Irrtum, dem wir in unserem heutigen Geschichtsdenken aufsitzen. So wurde Geschichtsphilosophie zur Waffe der Reaktion.

8. DIE NEUE ARBEITSETHIK

Mit der Krise und der verschärften Konkurrenz um Jobs, Karrieren, Status und Ansehen wächst der Konservatismus. »Hart arbeiten« wird wieder zu einem gesellschaftlich anerkannten Wert, selbst in linksintellektuellen Kreisen. Ein neuer Puritanismus der Entsagung, des Verzichts sowohl auf einen wirklichen Sinn der eigenen Arbeit, als auch auf ein eigenes gutes Leben macht sich breit. Es scheint, als ob die fortschrittlichen Intellektuellen ihr bestes emanzipatorisches Erbe vergessen hätten, den Hedonismus des guten Lebens: die emanzipatorische Logik der Vermeidung überflüssigen Leidens, überflüssiger Arbeit, überflüssigen Mangels und überflüssiger Herrschaft.

9. THEORIE UND PRAXIS I

Wer unter den intellektuell und politisch fortschrittlichen Menschen die eigenen Ansprüche auch nur halbwegs ernst nimmt und auf sein eigenes Leben, seine Praktiken in der Arbeit und im Umgang mit anderen bezieht, der wird unweigerlich bestraft werden. Er wird erhebliche Nachteile im Konkurrenzkampf mit den unbegrenzt leistungs- und kampfbereiten Männern und Frauen seiner Generation, Klasse und Berufsgruppe erleiden. Insgeheim ahnen das mittlerweile alle. Deswegen blühen heute die Heuchelei und der Zynismus so sehr (wie vielleicht sonst nur in Zeiten einer starken, kulturell unangefochten herrschenden religiösen Orthodoxie, welche die »offiziellen« ethisch-politischen Leitbilder dominiert). Aber wie soll eine fortschrittliche Änderung der Gesellschaft und unserer Lebensverhältnisse gedacht und ins Werk gesetzt werden, wenn nicht einmal die progressiven Eliten selbst eine *Ahnung* haben von dem Leben, den Wahrheiten und Haltungen, die sie anscheinend für alle einfordern?

10. ERZWUNGENE WAHL – FALSCHE ALTERNATIVEN

Überall sind wir vor obszöne Alternativen gestellt: entweder mit Haut und Haaren sich in irgendeinen Betrieb einspannen und sich von ihm aufreiben lassen – oder mehr oder weniger marginalisiert, am Rande bleiben; irgendwie aufrecht, aber prekär; moralisch integer, gebildet und weltoffen, aber ohne Möglichkeiten, die eigenen Fähigkeiten, das eigene kulturelle Kapital professionell zu gebrauchen und dauerhaft im wirtschaftlichen Sinne zu verwerten.

Die einen müssen mehr leisten als sie können. Die anderen könnten mehr als sie müssen oder dürfen. Die einen sind überfordert und begeben sich auf Dauer unter ihr eigenes moralisches und intellektuelles Niveau. Die anderen sind eher unterfordert und geraten auf Dauer unter ihr wirtschaftliches und symbolisches Niveau von Anerkennung. Das ist die falsche Alternative, vor der die meisten von uns im Laufe ihrer Biografie immer wieder stehen. Sie ist der Inbegriff einer falschen Einrichtung der Gesellschaft insgesamt.

11. ENDE DES WACHSTUMS UND RÜCKBILDUNG DER GESELLSCHAFT

Man kann sich die bisherige Vorstellung der gesellschaftlichen Entwicklung auf einer Skala vorstellen. In der Mitte steht unsere Gegenwart als Durchgangspunkt oder Mittelpunkt auf einer Steigerungsskala zwischen Vergangenheit und Zukunft. Das heutige Niveau des materiellen Lebensstandards wird auf einen Horizont weiterer Steigerungen hin entworfen. Längst aber ist eine reale Sättigung, eine Stagnation erreicht. Das bedeutet zum einen, dass es einen sinkenden Grenznutzen aller jetzt noch denkbaren materiellen Steigerungen gibt. Es bedeutet zum anderen, dass der zivilisatorisch-politische Standard sich zurückbildet, wenn man weiterhin einseitig auf Wachstum und Wohlstandssteigerung setzt. In diesem Fall müsste die Skala der Entwicklung ganz anders aussehen: mit einem Höhepunkt, der vor einigen Jahrzehnten erreicht war, und einer Kurve, die sich in Richtung Zukunft immer mehr abflacht.

12. DAS SAGBARE UND DAS MACHBARE

Es gibt einen engen Zusammenhang zwischen unseren Vorstellungen und Gewohnheiten des Sprechens (dem sogenannten Diskurs), den Konventionen des Benennens und Definierens, und den gesellschaftlichen Werten und Vereinbarungen über das Mögliche und das Unmögliche. Das Denken hat sich dessen immer bewusst zu sein – bewusst also in letzter Instanz des eigenen, konstitutiven Anteils an der Konstruktion der sozialen Wirklichkeit. Dialektik bedeutet hier die Reflexion des Zusammenhangs dieser Formen der symbolischen Konstituierung von Subjekten und Realitäts- oder Normalitätsdefinitionen, mit der materiell-ökonomischen Struktur der Gesellschaft.

Pierre Bourdieu verharrt bei allen unendlich großen analytischen Verdiensten letztlich mental in einem irgendwie harmlosen sozialdemokratischen Weltbild und seinen entsprechenden sozialen Normalitäten und Erwartungen. Er konnte über die (in den 1970er und 1980er Jahren selbstverständlich bestehende, seit den 1990er Jahren bedrohte und zerfallende) Normalität der bürgerlichen Gesellschaft hinaus nicht wirklich etwas anderes denken. Darin steckt ein Mangel nicht an soziologischer Analyse, sondern an sozialer Vorstellungskraft. Zu sehr ist Bourdieu den «normalen» Habitus der jeweiligen sozialen Klassen und Statusgruppen, den in ihnen verkörperten Lebensweisen verhaftet. An

Wahrheit der gegenwärtigen Zeit. Der Konservatismus der bloßen Sicherung & Fortsetzung
des Bestehenden treibt uns die Apokalypse
zu, in jedem Fall aber eine dauernde Verschlechterung der Lebensverhältnisse. Die autoritäre
und zunehmend postdemokratische Notstands-
verwaltung hat nur ein Ziel: daß es irgendwie
weitergeht & nicht zusammenbricht.
Diese Situation aber blamiert alle theoretischen
Modelle politischen Denkens, die heute von
Benjamin inspiriert auf die produktive,
reinigende Wirkung von Zusammenbrüchen
und Katastrophen hoffen: die Ästhetiker der
Unterbrechung und (Zer-)Störung.
Die Krise & die staatliche Krisenverwaltung
sorgen selbst für die Verwirklichung & De-Kon-
struktion dieser Denkmodelle.

21.
Turbo-Konservatismus
Schon die Konservative Revolution der 20er Jahre
wußte, was man alles verändern muß, damit
alles so bleiben kann wie es ist. Heute zielt
die Sicherung des status Quo, die Sicherung
unserer gewohnten Normalitätsvorstellungen
und Standards, all unsere Energie & Phantasie
auf — in wirtschaftlicher, politischer, und kultureller Hinsicht. Anstatt über eine neue Ordnung
mit einer neuen Teilung der sozialen Arbeit,
des Einkommens & der Macht nachzudenken,
anstatt uns Gedanken über eine neue Normalität
zu machen, versuchen wir die vor unseren Augen
sich auflösenden Normalitäten & Standards,
all die Erwartungen an ein normales Leben,
eine normale Biografie usw. zu stabilisieren. *
Gleichzeitig werden die Leistungserwartungen an die

52 * Sicherung von Geschäftigung, Arbeitsplätzen, Sozial-
kassen... — wir zerstören die Zukunft um d. Sicherung d.
gewissen Rechtsansprüche w[?]

Es sollen sogar noch erhöht werden sollen noch
mehr arbeiten, noch produktiver werden, noch
schneller & erfindungsreicher — gleichzeitig aber
auch noch flexibler im Umgang mit Pausen,
Unterbrechungen, Krisen und Zusammenbrüchen.

22.
Das Sagbare & das Machbare

Es gibt einen engen Zusammenhang zwischen
unseren Vorstellungs- & Gewohnheiten des Sprechens
(viele sagen heute lieber „Diskurs" dazu), den Konventionen des Benennens & Definierens, und den
gesellschaftlichen Weisen und Verankerungen über
das zu Tuende / Machbare. Die Theorie hat sich
dessen immer bewußt zu sein – bewußt also des
latenten Instanz des eigenen konstitutiven Anteils
an der Konstruktion der sozialen Wirklichkeit.
„Dialektik" bedeutet in diesem Zusammenhang
die Reflexion des Zusammenhangs dieser Formen
der Konstituierung von Subjekten und Realitäts-
bzw. Normalitätsdefinitionen mit der materiell-
ökonomischen Struktur der Gesellschaft.

Bourdieu verharrt bei allen analytischen Verdiensten
letztlich mental doch in einem haarlosen sozialdemokratischen Weltbild mit den entsprechenden
„Normalitäten". Er kann über die (ja doch 70 er &
80 er Jahren selbstverständlich bestehende, seit
den 90 er Jahren bedrohte & zerfallende) Normalität
der bürgerlichen Gesellschaft hinaus nichts denken.
Letztlich denkt er im Rahmen eines (wenn auch sehr
progressiven & relativ egalitären) Sozialstaat-Konserva-
tismus. Eine wirklich andere Ordnung der Dinge,
mit anderen Hierarchien & Werten, kann er nicht
denken. Bourdieu riskiert so keinesfalls in welcher
Hinsicht die Spitze, den Endpunkt der modernen
bürgerlichen Gesellschaft & ihrer symbolischen
Ordnung (die sozialdemokratische Ideologie
würde darin bestehen, die diese ges. immer-
nenten Gerechtigkeitsmaßstäbe & Werte zu erfüllen...)

dieser Stelle zeigt sich, dass die normative Askese wissenschaftlicher Arbeit gerade in Krisen- und Übergangszeiten souverän überschritten werden muss in Richtung eines wirklich emanzipatorischen Selbstverständnisses sozialer und politischer Theorie: Nicht nur kritisch konstatierend, sondern auch kulturell schöpferisch muss sich Theorie zur Gesellschaft verhalten, wenn sie denn wirklich fortschrittlich sein möchte.

13. BESTIMMTE NEGATION

Am konkretesten ist die Wahrheit, ist das Richtige immer noch in Form der Bestimmung dessen zu erfassen, was falsch ist am gegenwärtigen Leben und an der gegenwärtigen Gesellschaft. Wir können sagen, was falsch ist, was wir nicht mehr wollen, was wir nicht mehr mitmachen möchten. Das »Ich möchte lieber nicht« aus Herman Melvilles *Bartleby*, wie es bei Gilles Deleuze und Giorgio Agamben verhandelt wird, wäre aber erst noch aus seinem leicht adoleszenten Verweigerungsgestus herauszulösen. Es geht nicht einfach nur darum, »nicht zu wollen«, sich zu verweigern, nicht »mitzumachen«. Es geht darum, den bloß individuellen anarchischen Gestus zu überschreiten. Es geht auch darum, jeweils genau das zu bestimmen, was falsch ist und warum. Es geht darum, nicht nur für sich, sondern zusammen mit anderen auszusprechen: »Es reicht!« Das ist eben gerade keine »reine Geste«, wie Giorgio Agamben es mit Benjamin beschwört, sondern eine durchaus bestimmte. Als solche ist sie der Vorschein einer künftigen eigenständigen, freien Bestimmung eines möglichen Richtigen.

14. ENDE DER GESCHICHTE ODER FORTSCHRITT

Posthistoire anders gedacht: als Fortschrittspotenzial. Es steht uns immer noch bevor, es bleibt weiterhin unsere Aufgabe, Schlussfolgerungen zu ziehen aus der Geschichte des 20. Jahrhunderts: politisch, wirtschaftlich, kulturell, intellektuell. »Was kommt als Nächstes? Wie geht es weiter?« ist nicht die Frage. Wohl aber, wie man die Lehren der Vergangenheit beherzigt, wie man sie richtig gebraucht. Das bedeutet, es geht nicht um irgendein Ende (der Geschichte); nicht um irgendeine Erschöpfung oder einen »letzten Menschen« wie bei Nietzsche. Es geht um einen Neuanfang aus dem Geist der Genauigkeit und Konkretheit. Ein anderer, ein besserer Gebrauch der eigenen Einsichten und Fähigkeiten, des erreichten historischen Stands des Bewusstseins, der Technik, der materiellen und kulturellen Produktivkräfte, des Reichtums, des demokratischen Rechtsstaats, der Menschenrechte und der Bildung. Das Ziel muss dabei die größtmögliche Beteiligung aller Menschen an all diesen Möglichkeiten und Potenzialen sein (und eben nicht irgendeine fetischistische unendliche Weiterentwicklung – kein Fortschritt als geschichtsphilosophischer Fetisch). Die Rehabilitierung des Fortschrittsbegriffs setzt an der Erfüllung und Überschreitung der kantischen Geschichtsphilosophie der Aufklärung an: In Zukunft kann es nicht mehr nur um den Fortschritt der »Gattung« gehen, sondern um reale Fortschritte für alle, in allen einzelnen Individuen – um die Realisierung menschlicher Potenziale in den Einzelnen selbst. Das egalitäre Programm dieser zweiten Aufklärung lautet also: die Verbesserung des Zugangs aller Menschen gleichermaßen zu den materiellen wie kulturellen Gütern, Infrastrukturen und Möglichkeiten, welche die Gesellschaft als Ganze im Laufe der Geschichte ausgebildet hat. Die freie Entfaltung aller Individualitäten, wie Marx sagte, ist unser Ziel. Dieses Ziel im Hinblick auf die Endlichkeit der materiellen Ressourcen des Planeten zu realisieren scheint eine fast unmögliche Aufgabe zu sein. Die Augen vor dieser Aufgabe zu verschließen und sich stattdessen in inegalitäre Passionen und Perversionen zu verstricken, ist die gängige Praxis, die heute noch unser Zusammenleben bestimmt.

15. WIE ZU LEBEN IST

»Wie zu leben ist«, das ist immer die eigentliche Frage: Wie sollen, wie wollen wir leben? Und diese Frage spaltet sich auf in eine ethische und eine politische Seite. Die ethische betrifft die individuellen Dispositionen und Haltungen. Die politische Frage betrifft die gesellschaftlichen Produktions- und

Rezeptionsbedingungen individueller Dispositionen und Haltungen: die konkreten menschlichen Lebensbedingungen und Lebensmöglichkeiten in der Gesellschaft sowie ihre Bewahrung oder Veränderung. Politisch geht es um die Beantwortung der Frage: Wer soll unter welchen Zugangs- und Leistungsvoraussetzungen welche konkreten Lebensmöglichkeiten haben? Ethisch hingegen geht es um die Frage: Wie kann und soll man unter diesen politischen Bedingungen welche Lebensmöglichkeiten ergreifen und gestalten; welche Fähigkeiten ausbilden, welche Tätigkeiten ausüben – und welche nicht? Hier lässt sich die auf Fähigkeiten fokussierte Ethik Martha Nussbaums aus ihrer etwas unverbindlichen und blumigen Allgemeinheit herauslösen und in konkretere soziale Ausgestaltungen des allgemeinen Postulats der freien Entwicklung menschlicher Fähigkeiten überführen.

Die Norm einer vielfältigen menschlichen Existenz ist dabei eine Norm, die unter den heutigen Bedingungen eine radikale Änderung unserer Vorstellung von Bildung erfordert. Den erwerbsgesellschaftlichen Begriff von Humankapital gälte es energisch zu bekämpfen und durch eine emphatische Idee von Bildung als allgemeine soziale und kulturelle Lebenskompetenz zu ersetzen. Damit verbunden ist ein tatsächlich klassisch humanistischer Begriff umfassender Bildung – allerdings unter Einbeziehung aller bisher vernachlässigten »weiblichen« Fähigkeiten der Pflege sozialer Beziehungen und sozialer Lebensmilieus sowie von praktisch-handwerklichen Fähigkeiten aller Art. Auch hier kann es nicht um wirklich neue Erfindungen gehen, sondern nur um eine kulturelle Praxis des richtigen Gebrauchs, der richtigen Beherzigung und der neuen Kombination bekannter Ideen und Prinzipien.

16. MÄNNLICHE HERRSCHAFT – KAMPF UMS DASEIN

Wenn die gesellschaftlichen Konflikte heute an Heftigkeit gewinnen, wenn mehr und mehr Menschen um knappe Güter kämpfen und sich auf diese Weise einigermaßen zwangsläufig die Lebensbedingungen verschlechtern – dann liegt dies nicht nur daran, dass ganz allgemein infolge von Befristungen und Streichungen mehr Menschen um weniger Stellen und andere Belohnungen konkurrieren. Es liegt auch daran, dass nun vermehrt auch die Frauen mitspielen bei den traditionell männlichen Spielen um Macht, Status, Einkommen, Ehre und Prestige. Es wird enger, wenn weibliche Erwerbstätigkeit in Vollzeit nun ebenso eine anerkannte und symbolisch gestützte soziale Norm wird wie die männliche es schon immer war. Es wird enger, wenn diese neue soziale Norm zu einer staatlich gestützten *Doxa* wird. Pierre Bourdieu hat in *Die männliche Herrschaft* darauf hingewiesen, dass die vermeintliche weibliche Distanz zu den »ernsten männlichen Spielen« einerseits immer konstitutiv war für die traditionelle männliche

Herrschaft in der bürgerlichen Gesellschaft; durch diese Aussparung wurde die spezifisch männliche Kultur der bürgerlichen Arbeitsgesellschaft ermöglicht. Andererseits war die weibliche Distanz zu den ernsten männlichen Spielen aber auch eine tatsächlich reale Distanz: eine zumindest partielle Nichtanerkennung der Bedeutung dieser Spiele um Macht und Anerkennung.

Von daher wird deutlich, was passiert, wenn sich der neue Imperativ weiblicher Vollzeiterwerbstätigkeit beginnt durchzusetzen: Die Gesellschaft verliert zunehmend die gepflegte, im gelebten Alltag verinnerlichte, in Form »weiblicher« Lebensweisen verkörperte Distanz zu den ernsten männlichen Spielen. Nunmehr herrscht der männliche Geist fast ungebrochen. Das ist der Übergang zu einer noch barbarischeren, brutaleren, eben weitgehend distanz- und bruchlosen Stufe des bürgerlichen Kapitalismus: Alle sind gehalten, mehr oder weniger gezwungen, am allgemeinen Kampf ums Dasein teilzunehmen. Die perverse Begleiterscheinung einer unvollständigen Emanzipation der Frauen von der männlichen Herrschaft ist die vollständige Unterwerfung unter dieselbe: der praktische und ideologische Triumph des Sozialdarwinismus. Sein Geist, die permanente Bereitschaft zum Kampf, wird jetzt von nahezu allen verinnerlicht und verkörpert. Das bürgerliche Realitätsprinzip unterwirft virtuell alle unter das Gesetz der Entsagung zum Zweck der Selbsterhaltung – dies ist die Zurichtung des ganzen Lebens. Erst heute wird

von etwas Neuem als vielmehr um die
~~Idee und die~~ Praxis des richtigen Gebrauchs,
der richtigen Beherzigung bekannter Ideen
und Forderungen. Zuletzt kommt es überall?
immer auf das Wie an; wie etwas getan wird,
erlebt, erscheint, dargestellt.

28

Männliche Herrschaft – Kampf ums Dasein
Wenn die gesellschaftlichen Konflikte heute
an Heftigkeit gewinnen, wenn mehr Menschen um
knappere Güter kämpfen und sich so einigermaßen zwangsläufig die Lebensbedingungen verschlechtern, so liegt dies auch daran, daß nun
vermehrt auch die Frauen mitspielen bei den
traditionell männlichen Spielen um Macht, Status,
Einkommen und Ehre. Es wird enger, wenn
weibliche Erwerbstätigkeit nun ebenso eine Anerkannte & symbolisch gestützte soziale Norm
wird wie die männliche – wenn sie zu einer
staatlich gestützten Doxa wird. Bourdieu hat
in „Die männliche Herrschaft" darauf hingewiesen,
daß die weibliche Distanz zu den „ernsten
männlichen Spielen" einerseits konstitutiv war
für die traditionelle männliche Herrschaft in
der bürgerlichen Gesellschaft. Andrerseits eben aber
auch eine reale Distanz: Nicht anerkennung
der Bedeutung solcher Spiele um Macht &
Ansehen. Von daher wird deutlich, was passiert,
wenn sich da nun Imperativ weiblicher
Vollzeiterwerbstätigkeit beginnt durchzusetzen:
Die Gesellschaft verliert insgesamt die
gepflegte, im gelebten Alltag verwirklichte,

in Form „weiblicher" Lebensweisen verkörpert Distanz zu den „ernsten" männlichen Spielen. Nun, und das ist wohl das Eigentümliche des Neoliberalismus, herrscht der männliche Geist fast ungebrochen. Das ist der Übergang zu einer nunmehr barbarischen, brutalen, eben weitgehend distanzlosen Stufe des bürgerlichen Kapitalismus: Alle sind gehalten und mehr oder weniger gezwungen, am allgemeinen Kampf ums Dasein teilzunehmen. Die perverse Begleiterscheinung einer unvollständigen Emanzipation der Frauen ist der praktische und ideologische Triumph des Sozialdarwinismus. Sein Geist, die permanente Bereitschaft zum Kampf, wird jetzt von nahezu allen verinnerlicht oder verkörpert. Das ist der Triumph des bürgerlichen Realitätsprinzips.

29.
Die toten Freunde

Auch darum gilt es, daß die Toten nicht umsonst gelebt haben und gestorben sind. Vor allem auch die Geistigen, die toten Dichter-, Schriftsteller-, Künstler- und Denkfreunde. Die geliebten Freunde und Gefährten des Geistes: Ingeborg Bachmann, Franz Kafka, Paul Celan, Walter Benjamin, Theodor W. Adorno, Virginia Woolf, Pierre Bourdieu... Ihre Gedanken sind im strengen Sinne unsterblich.

wirklich offenbar, was Horkheimer und Adorno in der *Dialektik der Aufklärung* meinten, wie furchtbar dasjenige sei, was sich die Menschheit hat antun müssen, bis das männliche, zweckgerichtete Selbst entstanden war.

17. GEMEINSCHAFT – DABEISEIN

Die Lehre der fortgeschrittenen Philosophie des 20. Jahrhunderts in Bezug auf das Problem der Gemeinschaft lautet: Mitsein, ein freier Austausch der Einzelnen ohne gemeinsame Substanz, ohne Verschmelzung in einem einheitlichen Kollektivsubjekt. Dazu gehören auch die Phänomene der beiläufigen Gesellschaftlichkeit: Sich begleiten und Gesellschaft leisten; neben- und beieinander etwas tun; Kinder hüten und dabei nebenher Dinge tun wie die Küche aufräumen, Kochen, Lesen, Sprechen und Nachdenken. Neben der Liebe, oder um die Liebe herum, liegt der Zauber von Freundschaft und Familie im Dabeisein.

18. DAS GUTE LEBEN – DAS RICHTIGE LEBEN

Adornos Dekret »Es gibt kein richtiges Leben im falschen« ist nicht nur eine Übertreibung gewesen. Es war in gewisser Weise auch ein Kategorienfehler. Es ist für die einzelnen Menschen unmöglich, nicht die Frage nach dem guten, nach dem richtigen Leben zu stellen – wie schlecht auch immer die realen Lebensbedingungen sind. Die ethische Frage nach dem guten Leben ist die Aufgabe, die sich jedem einzelnen Leben genauso wie jedem echten Denken stellen muss. Das linke Denken fragt traditionell eher nach einem guten Leben für alle, für die vielen. Das rechte Denken fragt eher nach dem guten Leben für wenige, wie Nietzsche sagt, für »die Wenigen«, womit wohl irgendeine Elite, irgendeine Gruppe von Auserwählten gemeint ist. Nietzsche denkt insofern an so etwas wie die Multitude Toni Negris, nur unter rechten Vorzeichen: eine Vielheit, die von elitärer Beschränkung lebt. Negri gewinnt seinen Begriff der Vielheit durch den eigenartigen Versuch, Nietzsches elitär-aristokratische Absonderungskategorie der wenigen und Vornehmen nach links zu wenden und zu verallgemeinern.

19. INDIVIDUUM UND GESELLSCHAFT: HABITUS UND VERKÖRPERUNG

Das größte Rätsel beim Verständnis des Funktionierens der Gesellschaft ist nicht die von David Hume mit Staunen vermerkte Leichtigkeit, mit der die vielen von den wenigen regiert werden. Mehr noch ist das Rätsel der Anteil der Einzelnen überhaupt bei der Reproduktion des Ganzen. Am genauesten hat bisher vielleicht Pierre Bourdieu dieses Rätsel ausgeleuchtet. Er hat immer wieder auf die Verinnerlichung und »Somatisierung« äußerer sozialer Verhältnisse und Zwänge durch die Subjekte hingewiesen. Dafür steht der Begriff des

Habitus, der zugleich ganz evident und ganz rätselhaft erscheint – der es in puncto Rätselhaftigkeit mit dem sozialen Rätsel, das er erklären soll, mühelos aufnehmen kann. Wir verkörpern in unserer Existenz, in unserer speziellen, je nach Alter, Geschlecht, Beruf und Klassenlage verschiedenen Lebensweise, ganz bestimmte objektive gesellschaftliche Bedeutungen und Rollenzuweisungen. Das System der Gesellschaft ist ein System sozialer Unterschiede, die im Habitus der Einzelnen verkörpert sind. Lässt sich diese stimmige, jedoch implizit lähmende Analyse produktiv wenden?

20. KUNST DER ÜBERTREIBUNG

Die Kunst der Übertreibung – sie wurde von Adorno meisterhaft vorgeführt. Es ist nicht immer klar, ob der Pessimismus dieses größten kritischen Denkens im 20. Jahrhundert mehr dem theoretischen Impuls einer Heuristik der Erkenntnis geschuldet ist oder mehr dem ethischen Impuls einer größtmöglichen Klarheit und Eindeutigkeit der eigenen Haltung der Welt gegenüber. Vielleicht ist das Besondere von Adornos Denken, dass beides bei ihm zusammenfällt: dass es bei ihm gar keinen Unterschied zwischen dem theoretischen und dem ethischen Einsatz gibt. Die Erkenntnisse und Wahrheiten werden bis zu einem extremen Punkt getrieben; einem Punkt, an dem sie fast schon wieder übertrieben, ja nahezu falsch erscheinen. Die Schwäche und Ohnmacht der Einzelnen zum Beispiel, erscheint als fast vollständige Unterwerfung unter die Macht des bestehenden Systems. Adornos Mahnung, weder von der eigenen Ohnmacht noch von der Macht der anderen sich irre machen zu lassen, markiert wiederum den Punkt des Zusammenfallens theoretischer und ethischer Wahrheit. Ein scheinbarer Widerspruch auf den ersten Blick: Wie können »die anderen« denn überhaupt Macht haben, wenn doch alle dem bestehenden System und seinen Gesetzen unterworfen sind? Es zeigt sich aber, dass eben diejenigen, die sich anpassen und mitmachen, Macht ausüben über andere; funktional notwendig sind zur Erhaltung der Gesellschaft in ihrer gegenwärtigen Form. Sie sind die relativ Mächtigen, und beherrschen die anderen. Alle aber sind sie Funktionen der gegenwärtigen Formen der Macht. Diese Gedanken werden von Adorno nur deswegen so auf die Spitze getrieben, weil sie einem einzigen Prinzip gehorchen: dem Gedanken der Änderbarkeit des Bestehenden, dem fortschrittlichen Prinzip der noch nicht gelungenen, aber immer noch möglichen vernünftigen Einrichtung der Gesellschaft. Zwar ist diese bisher eben noch nicht gelungen. Doch dieses geschichtliche Misslingen ist kein logisch-politisches Argument, kein Beweis gegen die Möglichkeit des Fortschritts. Darin ist Adorno ein konsequenter Aufklärer im Geiste Kants. Das oberste Prinzip im Denken einer solchen kritischen Theorie ist deswegen ein zugleich ontologisches und politisches. Es lautet eben: »Nur wenn das, was ist, sich ändern lässt, ist das, was ist, nicht alles.« Die antihegelianische Ontologie und Geschichtsphilosophie solcher Erklärungen ist unübersehbar: Das Wirkliche ist *noch nicht* vernünftig.

Man übertreibt, um mehr sehen zu können, und um die Alternativen zu schärfen. Man übertreibt nicht, wie es der antiintellektuelle Affekt will, aus einer Liebe zum Schlechten heraus, zu Schwarzmalerei und Depression. Die wirkliche Kunst der Übertreibung ist Zweckpessimismus in seiner reinsten Form. Nicht Schwarzmalerei, sondern die Erzeugung eines Lichts, einer Erleuchtung, die überhaupt erst Licht und Schatten, die überhaupt erst die verschiedenen Schattierungen des Falschen sehen lässt. Antonio Gramsci bringt zumindest einen Teil dieses Problems auf die Formel: Optimismus des Willens, Pessimismus des Intellekts.

21. ES GIBT EIN RICHTIGES LEBEN IM FALSCHEN

In einem Punkt irrt Adorno und fällt seiner eigenen messianischen Übertreibung zum Opfer. Der Einzelne kann nicht nicht nach einem guten Leben suchen – unter welch schlechten oder falschen gesellschaftlichen Bedingungen auch immer. Die ethische Wahrheit des Selbst ist die des gelingenden Lebens, oder der Suche, der Frage nach ihm. Man kann sie nicht bündig verneinen als etwas Unmögliches. Das ist eine Verwechslung des *ethischen* Problems der Wahrheit der Existenz mit dem *theoretischen* Problem einer emphatisch kritischen Gesellschaftstheorie. Nur wer ganz im Denken aufgeht und mit ihm verschmilzt; nur wer ganz darauf vertraut, dass er mit seiner geistigen Arbeit zu einer Änderung der Verhältnisse beiträgt, kann letzten Endes auf sich selbst und seinen eigenen Lebenssinn verzichten. Oder anders gesagt: Nur der kann den eigenen Lebenssinn vollständig in eben dieser theoretischen Arbeit finden. Die Sorge um sich ist aber der Sinn des Daseins. Sie kann nicht anders, als die Möglichkeit eines richtigen Lebens zu postulieren – sie muss also jenseits der theoretischen Arbeit noch eine andere, ethische Realität der denkenden Person annehmen.

II.

1. NICHTS NEUES – MODELLE DES RICHTIGEN

Es gibt nichts wirklich Neues mehr. Die Geschichte hat, sowohl was die politischen und wirtschaftlichen als auch was die kulturellen Dinge betrifft, alle möglichen Formen hervorgebracht. Während viele noch auf irgendwelche Neuerungen hoffen und spekulieren, wird immer deutlicher: Das sind nur Abwandlungen und Wiederholungen. Die wirkliche Frage ist nur noch die eine: Wie und zu welchem Zweck gebrauchen wir eine jeweilige Form oder Idee? Alle jetzt noch relevanten Fragen sind letztlich Fragen der Auswahl, des richtigen Gebrauchs und der Verwirklichung. Welches Modell wählen wir: politisch, politökonomisch, kulturell und vom Lebensstil her? Sind wir willens und in der Lage, ein jeweiliges Modell wirklich in seinem Potenzial zu entfalten und zu verwirklichen? Können wir es tatsächlich *leben*? Wie mischen, wie montieren wir die verschiedenen Modelle? Das gilt für die Frage der rechtsstaatlichen Demokratie ebenso wie für die des Friedens zwischen den Völkern und Nationen; die Frage einer gerechten und nachhaltigen Wirtschaftsordnung; die Frage nach der Gleichberechtigung der Geschlechter, und nach einem autonomen und authentischen Leben; schließlich die nach einer möglichst umfassenden Bildung für alle Menschen. Die entscheidende

Frage lautet: Können wir das wirklich leben? Wollen wir es tatsächlich verwirklichen? Wollen wir wirklich eine sozial gerechte, nachhaltige, auf Gleichheit und gegenseitigen Respekt gegründete emanzipatorische Demokratie? Oder fürchten wir uns insgeheim davor – die einen, weil sie viel von ihrer Macht und ihrem Überlegenheitsgefühl, viel von ihrem Status verlieren würden, die anderen, weil sie befürchten, dass die verwirklichte Utopie der Moderne letztlich doch zu langweilig wäre?

Ohne Ausflüchte, Illusionen und eingebildete Aufträge (Gott, Geschichte, Menschheit, Vaterland) müssen wir, jeder einzelne Mensch wie die Menschheit insgesamt die Frage beantworten: Wie wollen wir leben und zusammenleben? Jenseits oder dahinter ist nichts, kommt nichts anderes, nichts Neues mehr. Die Auflösung des Rätsels des Menschen ist die praktische Auflösung der Frage nach dem guten Leben, der Freiheit und Gleichheit aller. Denn am Ende aller Emanzipationen der Menschen kann nicht ein neuer, ganz anderer Auftrag auf uns warten. Es geht letztlich also nur um den guten Gebrauch der Zeit, wie Thierry de Duve sagt. Ob wir dafür gut gerüstet sind, ist eine ganz andere Frage – beziehungsweise es ist dieselbe Frage in ihrer allerkonkretesten Gestalt: Wer von uns ist, hier und jetzt, in der Lage, mit seinem eigenen konkreten Leben *Beispiele* zu geben, Modelle einer gelungenen Existenz?

Vielleicht ist es wirklich so, dass ein großer Teil der menschlichen und der intellektuellen Aktivitäten und Unternehmungen Ablenkungsmanöver sind – Ablenkungen von der eigentlichen und einzigen Aufgabe: der praktischen Beantwortung der Frage, wie wir leben wollen. Vielleicht sind es eben aber auch Vorübungen. Vielleicht fürchten sich viele eben noch zu sehr vor dieser Frage; spüren, dass sie ihr noch nicht gewachsen sind. Ohne eine konkretere Vorstellung aber von einem anderen, einem besseren Leben hätten wir gar keine Kriterien, gar keinen Maßstab der Kritik gegenwärtiger Verhältnisse. Wie sollte und könnte es aussehen, ein richtiges Leben? Wie verteilen wir unsere Güter und unsere verschiedenen Aufgaben, wie die Reichtümer, die Positionen und die Anerkennungen? Wie die individuellen Fähigkeiten und Gaben, das zu Tuende und das zu Lassende?

Das, was da ist, das, was getan werden muss, und das, was freiwillig für sich und für andere getan wird, zu würdigen, in seinem menschlichen Sinn, in seinem sozialen Gebrauchswert zu entfalten – das ist die wirkliche Aufgabe, zu welcher die Freiheit die formale Voraussetzung ist. Das Dasein würdigen. Die heutige Ideologie der Beschäftigung ist die zentrale Ausflucht davor. Man redet uns ein, wir reden uns gegenseitig ein, es gäbe ganz furchtbar viel zu tun. Die Stelle, der Arbeitsplatz ist das Alibi der Existenz; die Rechtfertigung dafür, überhaupt da sein zu dürfen – in den eigenen Augen wie in denen der anderen. Das sind alles Ausflüchte vor der einzig entscheidenden ethischen Frage nach der zu wählenden besten Lebensweise. Das war in mancher Hinsicht auch die Einsicht Wittgensteins: Alle Wahrheitsfragen sind letztlich Fragen nach Lebensformen und Gebrauchsweisen der Welt, der Dinge und des Daseins.

2. ÜBER DAS TEILEN – ÜBER DAS GEMEINSAME VON LEBENSFORMEN

Die Entsprechung solcher Einsichten ist eine doppelte. Ethisch geht es um das gute gemeinsame Bewohnen der Welt; um das Teilen der Existenz, der Formen des Mitseins in sozialen Bezügen, Freundschaften und Familien. Politisch geht es um die Frage nach der besten Verteilung und Aufteilung der Macht, der Arbeit, des Wissens und des Reichtums (beziehungsweise des Mangels). Macht und Ohnmacht, Arbeit und Muße, Wissen und Unwissen, Überfluss und Mangel – dies alles gilt es zu verteilen, und das macht dann eine konkrete soziale Lebensform aus. Vielleicht ist es eine unserer größten kulturellen Schwächen bisher, das nicht zu verstehen: nicht zu verstehen, wie sehr alle sozialen Formen eben Erscheinungsweisen und Ausprägungen einer solchen bestimmten sozialen Lebensform sind.

3. »DAS VOLK« – ONTOLOGIE DER HERRSCHAFT

Auch diese Ausreden zählen nicht mehr: Das Volk sei dumm, es müsse beherrscht und diszipliniert werden durch Arbeit. Oder auch: Sonst wird die

Arbeit nicht erledigt. Für diese ›niedrigen‹ Arbeiten braucht man keine besonderen Fähigkeiten. Das Volk braucht also keine höhere Bildung; es genügt, wenn es arbeitet, konsumiert und gehorcht. Hier wurde ja im Lauf der Geschichte eine besondere Klasse, ein ganz bestimmter Menschentypus herangezüchtet. Heute braucht man solche Menschen kaum noch, da es immer weniger wirtschaftlich notwendige Arbeiten zu erledigen gibt. Vielleicht geht es ja seit einiger Zeit in Wirklichkeit nur noch um Herrschaft (oder eben ihre emanzipatorische Aufhebung): darum, dass die herrschenden Klassen das Gefühl der Überlegenheit haben – das Gefühl, *zu Recht* zu herrschen.

Vielleicht steht dahinter die Angst vor der eigenen Freiheit; die Angst, dass ohne die Notwendigkeit der Herrschaft über die anderen, in letzter Instanz ohne die Notwendigkeit, über sich selbst als freies Wesen mit Bedürfnissen zu herrschen, die Konstruktion des Lebens in der bürgerlichen Arbeitsgesellschaft zusammenbräche. Herrschaft bedeutet notwendig die Entfremdung und Fremdbestimmung aller. Die meisten wollen nicht sehen, dass in dieser Gesellschaftsordnung alle, Herrschende wie Beherrschte gleichermaßen, im Sinne Kants eigentlich meistens nur Mittel, ganz selten Zwecke an sich selbst sind: wir für einander, jeder für die Erhaltung des Ganzen. Die alte linkshumanistische Idee der Bildung für alle kehrt die Rangordnung um: Alle, also jeder Einzelne, sind ein Zweck an sich selbst und dürfen niemals bloß als

Mittel behandelt werden. Auf dieses Prinzip hin sind alle gesellschaftlichen Verhältnisse zu prüfen und zu ändern.

4. EMANZIPATION ODER KONSERVATISMUS

Emanzipation bedeutet die Überführung von immer mehr gesellschaftlichen Bereichen vom Zustand des Zwangs und der Notwendigkeit in den Zustand der freien Gestaltbarkeit (oder der Überflüssigkeit, des Wegfallens scheinbar notwendiger Verhältnisse des Zwangs, der Unfreiheit, der Herrschaft). Immer weniger soziale Verhältnisse und Beziehungen können dann einfach als »natürlich« oder »normal« gelten. Emanzipation bedeutet hier: Wir können und müssen jetzt selbst entscheiden, wie wir einen jeweiligen Bereich des Zusammenlebens (Familien, Behörden, Bildungs- und Wirtschaftsorganisationen und so weiter) organisieren wollen. Für viele wäre das mit schmerzlichen Verlusten verbunden – Verlusten von Sicherheiten, Gewohnheiten, etablierten Belohnungssystemen und stabilen Orientierungen. Vieles könnte, oder müsste neu definiert, neu erfunden, neu gestaltet werden. Alles könnte auch anders sein, anders aussehen, anderes bedeuten – das ist der Kern der Botschaft der Freiheit. Für viele hat diese Botschaft ihren verheißungsvollen Klang verloren und ist eher bedrohlich geworden. Der Status quo wird heute zunehmend wieder zum Referenzpunkt eines neuen konservativen Begehrens. Inmitten der allgemeinen Veränderungsdynamik, des allgemeinen Zwangs zu Innovation, Kampf und Mehrarbeit, soll alles bleiben, wie es ist.

5. LINKER NEOLIBERALISMUS UND KONTROLLGESELLSCHAFT

Der zeitgenössische linke Neoliberalismus behauptet mit Michel Foucault und Gilles Deleuze, der klassische Fremdzwang der Gesellschaft über die Einzelnen, die Disziplinargesellschaft, werde immer mehr von einem Selbstzwang, einer Selbstkontrolle und Selbstverantwortung der Subjekte abgelöst. Flache Hierarchien, Netzwerke, Empowerment, und so weiter – es wird suggeriert, dass die Individuen sich hier nur selbst (gegenseitig) beobachten, aktivieren, kontrollieren und überwachen würden. Verkannt wird bei dieser Sicht der Dinge, dass die Besonderheit des aktuellen Gesellschaftssystems zwar darin liegt, einen großen Teil der Zwänge in die Einzelnen zu verlegen – dass hier aber immer noch ein äußerer Zwang auf die Einzelnen wirkt, nur eben nicht mehr so sehr im Modus direkter Befehle, Regeln und Gesetze, sondern im Modus eines wachsenden Zwangs zur Selbstverwertung, Selbstaktivierung und Selbstvermarktung. Es handelt sich hier eben um ein *gesellschaftliches* Verhältnis der Einzelnen zu sich selbst und zueinander. Das *unternehmerische Selbst*, welches Ulrich Bröckling analysiert, ist der Knotenpunkt eines allgemeinen Systems der Steigerung von Handlungs- und Wettbewerbszwängen. Es ist ein System, das den sozialen Wettbewerb entzivilisiert und zu einem permanenten Kampf aller gegen alle steigert. Das Resultat ist die wachsende Verschlechterung der Arbeits- und Lebensbedingungen für die Mehrheit zum einen; die schleichende Verwandlung aller sozialen Kooperationsbeziehungen in Mittel zur eigenen Selbsterhaltung und Selbstverwertung zum anderen. Autoren wie Bröckling verkennen dabei, wie schon Deleuze und Foucault, den Anteil des Staates und des Rechts an der gewaltsamen Durchsetzung der neuen neoliberalen Gesellschafts- und Lebensform. Die Einzelnen unterwerfen sich eben nicht von selbst dem neuen Regime. Sie wurden durch neue Institute des Sozial-, Arbeits- und Strafrechts (also durch konkrete Formen des Versperrens von Exit-Optionen aus repressiven Arbeits- und Lebenszusammenhängen) dazu gezwungen.

6. BÜNDNIS VON KONSERVATISMUS UND PROGRESSISMUS

Vielleicht könnte es irgendwie und irgendwann gelingen, die klassische konservative Hypothese von der Notwendigkeit der Entlastung des Menschen (gleichsam die anthropologische und bescheidene Variante des theologischen Axioms seiner Erlösungsbedürftigkeit) mit der fortschrittlichen Forderung der Emanzipation zu verbinden. Vielleicht laufen mit der Zeit ja beide aufeinander zu: dadurch, dass der faktische Weltlauf immer mehr und immer offensichtlicher einer der Zerstörung wird, der falschen, zwanghaften Veränderung; dadurch, dass der Zwang zur Bewegung und Veränderung zum obersten Gesetz wird. Denn gerade im Zusammenhang der verschiedenen Wirtschaftskrisen der Gegenwart muss ja andauernd unheimlich viel zerstört werden (an intakter Umwelt, Sozialbeziehungen, sozialen Rechten, Traditionen, politischen Handlungsspielräumen, Zukunftsaussichten), damit alles erst einmal so bleiben kann, wie es ist. Wenn die Linke den Glauben an den Fortschritt erst ganz verloren hat und die Rechte den an die Bewahrung, könnte eine neue Situation entstehen.

7. ARBEITEN UND LEBEN

Das Arbeits-Ich, das unternehmerische Selbst des Postfordismus, stellt all seine Talente und Fähigkeiten in den Dienst der Arbeit. Diese wird zur Arbeit im erweiterten Sinne, zu Arbeit *sans phrase* – gleichsam eine Reinform der Lohnarbeit, abstrakte Arbeit im metaphysischen Sinne. Sein Subjekt ist nicht der Arbeiter oder Angestellte, sondern der Selbstunternehmer. Alles soll mobilisiert werden, alle Fähigkeiten aktiviert, und dann komplett in den Dienst der eigenen Selbstverwertung gestellt – welche tendenziell zusammenfällt mit der Selbstverwirklichung des Subjekts. Idealisiert dienen die Verwirklichung, Verwertung und Vermarktung des Arbeitssubjekts der Reproduktion des ökonomisch-gesellschaftlichen Systems. Nichts darf ungenutzt bleiben, kein Potenzial unentfaltet. Das ist die Horrorvision der kapitalistischen Landnahme: kein Rest, keine Distanz, kein Raum zwischen den Einzelnen und dem System. Kein noch so winziger Spalt der Freiheit. So müssen wir uns alle, so scheint es, als Arbeits-Selbst umdefinieren: ohne »privates« Ich, das der Verwertung widerstünde, ohne freien sozialen Austausch – ohne die rechtliche und kulturelle Abgrenzung verschiedener Räume. Das postfordistische, entgrenzte Arbeits-Ich hat kaum noch ein Außen, im strengen Sinne keine freie Zeit mehr. Es ist die schlechte Aufhebung oder Verwirklichung des modernen Künstlerbegriffs. Alle Einzelnen als Produktivkraft und Kreativitätszentrum: Die tendenziell vollständige Erfassung des Einzelnen durch seinen »Beruf« ist die äußerste Pervertierung der emphatischen Idee der Berufung.

8. DER FEINE UNTERSCHIED – DIE WINZIGE VERSCHIEBUNG

Alle entscheidenden Fragen sind solche des »feinen Unterschieds«. Fast unmerkliche Differenzen der sozialen Lage und des Status, der Anerkennung und Würde, der Bedeutung und des Kontextes, des Geschmacks und der Sensibilität, der Haltung und Einstellung entscheiden über den ganzen Sinn des Daseins: über die Art und Weise, wie uns das Sein erscheint (unser eigenes wie das der anderen); über die Art und Weise, wie wir in der Welt sind. Eine winzige Verschiebung des Blicks und des Sinns, und alles ist mit einem Mal ganz anders. Das gilt für ästhetischen Gebilde ebenso wie für religiösen Glaubensfragen und sozialen Statusfragen; für alle ethisch entscheidenden Probleme ebenso wie für alle spezifischen Lebensformen; für alle je besonderen, individuell bedeutsamen Momente ebenso wie für alle konkreten Formen der rechtlichen Einrichtung sozialer Beziehungen. Adornos Messianismus der winzigsten Verschiebung zeugt ebenfalls von dieser Wahrheit: Die Dinge und die Menschen sind entstellt. Es kommt darauf an, dass alles wieder an seinen richtigen Platz gerückt wird; an seine wahre Stelle, jene Stelle, wo jedem Ding und jedem Menschen sein Recht zukäme. Adorno hat das mit dem religiösen Wort der »Versöhnung« benannt. Dahinter steckt die Annahme: Alles ist schon da, alle wichtigen politischen, kulturellen, wirtschaftlichen und technischen Dinge sind erfunden. Es kommt nur noch darauf an, alles in die richtige Anordnung zu bringen, alles richtig einzurichten und zu verteilen. Es geht jetzt nur noch um Fragen des richtigen Gebrauchs der Möglichkeiten und Fähigkeiten; letztendlich nur noch um *rechtliche* Fragen der Regelung gegenseitiger sozialer Anteile, Aufgaben und Ansprüche – und um *kulturelle* Fragen der je besonderen individuellen und der gemeinsamen Sinngebung. Das heißt, wir müssen uns politisch entscheiden für eine bestimmte Verteilungsordnung und ihre Rechtfertigung (wer mit welchen Fähigkeiten in welchen Tätigkeiten für wie lange, unter welchen Bedingungen und für welche Belohnungen arbeiten *muss* beziehungsweise *darf* sowie wer welchen Anteil an der demokratischen Gesetzgebung haben soll). Und wir müssen uns kulturell entscheiden für eine ganz bestimmte Wertordnung und Lebensweise, die der gewählten Verteilungsform insgesamt einen Sinn gibt: dem gesellschaftlichen Ganzen sowie den je besonderen Existenzen in diesen.

9. FREIHEIT UND GLEICHHEIT – POLITISCH UND GEISTIG

Dem politischen Axiom der Gleichheit in der demokratischen Republik entspricht das ästhetische Axiom der potenziellen Würde und Schönheit eines jeden, und sei es noch so geringen, noch so gewöhnlichen Gegenstandes. Tierry de Duve hat dies den Ruhm des Beliebigen genannt. Er hat die Lehre von Marcel Duchamps Readymade auf die Spitze getrieben und zu Ende gedacht. Das geringste Ding kann zu höchster Würde kommen, sich der allergrößten Aufmerksamkeit erfreuen – genauso wie das höchste Ding jederzeit abgewertet und für unbedeutend erklärt werden kann. Die Freiheit des ästhetischen Urteils entspricht der Souveränität des Volkes in der demokratischen Verfügung über sich selbst: die Freiheit zu beliebigen Urteilen und Entscheidungen in der Einrichtung und Bewertung der Welt. Noch immer dämmert vielen nicht die Großartigkeit dieses Programms der Moderne. Noch immer versagen wir oft kläglich vor der Forderung, die darin liegt: vor der Forderung der Freiheit. Ihr gerecht zu werden ist unsere Aufgabe. Sie verlangt von uns die Entwicklung einer großen politischen Bildung ebenso wie einer großen kulturellen Bildung aller Menschen.

10. NULLSUMMENSPIELE I

Die verdrängte Wahrheit der Gegenwart ist die Wahrheit der Welt als Nullsummenspiel: als unendlicher Kosmos von Substanzen und Energien, deren Gesamtmenge gleich bleibt. Wachstum ist ein Name für einen Fortschrittsglauben, der dies verleugnet. Hier wird an unendliches Wachstum geglaubt, an unendliche Kumulationen und Akkumulationen von Gewinnen ohne Verluste, oder zumindest ohne relevante Verluste. Irgendwann aber sollten wir uns klarmachen, dass das eine verführerische und zerstörerische Illusion ist. Wir müssen uns klarmachen, dass es immer Alternativen gibt und Entscheidungen: Wollen wir auf Kosten der Zukunft jetzt mehr Wachstum und Ressourcenverbrauch – um den aktuellen Lebensstandard zu halten, ohne die Schulden (oder die Zinsen der Schulden) der Vergangenheit und der Gegenwart zu bezahlen? Oder wollen wir auf einen Teil des Wohlstands verzichten, um dadurch zum einen mehr Freiheit und Handlungsspielräume in der Gegenwart und in anderen Erdteilen zu erreichen, zum anderen den zukünftigen Menschen mehr Optionen zu ermöglichen?

Wollen wir länger arbeiten, um mehr zu produzieren, zu verdienen und zu kaufen, oder insgesamt weniger arbeiten, damit die natürliche und soziale Umwelt geschont wird – damit wir aber insgesamt alle besser arbeiten und besser leben können? Die Herausforderung liegt in einem autonomen und umfassenden Begriff von Lebensqualität, der als Kriterium für unsere Entscheidungen fungiert. Wir brauchen ein Kriterium des guten Lebens für alle, in dessen Namen wir soziale Beziehungen einrichten, und eine bestimmte Verteilungsordnung der sozialen Kooperation beschließen. Warum ist es richtig und legitim, so und nicht anders zu leben, zusammenzuleben? Was wollen wir damit erreichen? Wem nützt es, und wem eher nicht? Ist das fair? All diese Fragen müssen beantwortet werden. Es folgt daraus, dass wir bestimmte Lebensformen und Menschentypen vielleicht in Zukunft nicht mehr fördern und belohnen möchten. Früher hatte man noch gedacht: Die anderen können eigentlich bleiben, wie sie sind, mit ihren Werten und Lebensformen – wenn nur wir sein können, wie wir sein wollen; wenn die anderen nur nicht mehr vollständig herrschen. Das ist nicht nur zu wenig; es hat sich auch als völlig illusionär herausgestellt.

In Zukunft wird es darum gehen, dass eine bürgerliche Linke Macht für sich beansprucht und sagt, was sie will und was sie nicht will. Es wird nicht mehr ausreichen, sich einfach nur da und dort, dann und wann als einigermaßen geduldete Ausnahme auf dem konservativen Grund des gesellschaftlichen Mainstreams zu etablieren. Die progressive Lebensform muss als die bessere, schönere und wahrere sichtbar werden. Sie muss ganz klar zur Erscheinung kommen, über wohlfeile Gesten von Protest und Widerstand hinaus. Das bedeutet eben vor allem auch, dass wir *dieses andere Leben* selbst wirklich kennen und leben, praktisch und konkret erproben müssen. Ein emanzipiertes Leben darf nicht nur eine abstrakte und universale Behauptung sein – nicht nur die bestimmte Negation des falschen bisherigen Lebens. Es muss ganz konkret sichtbar und lebbar werden. Das ist unsere Aufgabe; und man kann sagen, bisher machen die meisten dabei eine eher schlechte Figur.

Immer, überall stellt sich die Frage: Was fehlt? Was ist der Preis? Wenn es von irgendetwas zu viel gibt (Wohlstand, materielle Güter, Arbeit, Wissen, Können in spezialisierten Bereichen usw.) – wo fehlt es dann, wo gibt es dann zu wenig? Welche Mängel, welches Unwissen, welche Ahnungslosigkeit, welche Zerstörungen ergeben sich durch ein bestimmtes Können und Wissen, durch die Beherrschung auf bestimmten Gebieten? Denn alles hat tatsächlich seinen Preis. Das gilt nicht nur für einseitig ausgerichtete *Gesellschaften*, sondern auch für einseitig gebildete und befähigte *Menschen*.

11. KRITISCHE THEORIE ALS FORM

Die Etablierung kritischer Theorie an deutschen Universitäten, in der deutschen kulturellen Öffentlichkeit seit den 1970er Jahren hat durchaus viel bewirkt. Inzwischen ist ein sehr weiter, recht heterogener Begriff von kritischer Theorie vorherrschend, der nichts mehr von einer bestimmten schulmäßigen Identität hat. Der Preis gewachsener Toleranz und Inklusivität der kulturellen Systeme ist allerdings, dass ein zentraler Impuls gerade der älteren Kritischen Theorie von Adorno und Horkheimer fast völlig aus dem Blick geriet. Eine »kritische« im Gegensatz zu einer »traditionellen«, bürgerlichen oder konventionellen Theorie ist eine solche, die den verdinglichten Wissenschaftsbetrieb und seine üblichen Methoden selbst infrage stellt. Wenn nun kritische Theorie sich in diesem Betrieb zunehmend institutionalisiert und auch an administrativer Macht gewinnt, dann muss nach dem Preis für diesen Erfolg gefragt werden: der Frieden mit dem bestehenden Wissenschaftsbetrieb; die Unempfindlichkeit gegenüber positivistischen Fragestellungen und Methoden sowie insgesamt das Aufhören der Suche nach einem anderen, emphatischen Begriff und Selbstverständnis, einem anderen Ethos des theoretischen Denkens. Im Rahmen einer wirklich kritischen Auffassung vom Sinn theoretischer Arbeit in der bürgerlich-kapitalistischen Gesellschaft müssen alle Üblichkeiten und Selbstverständlichkeiten der wissenschaftlichen Disziplinen, muss ihr Habitus und ihr Stil immer wieder infrage gestellt werden. Wir müssen fragen: Was wollen wir wissen und wozu? Was sind die objektiven gesellschaftlichen und kulturell-epistemologischen, die objektiven politisch-historischen Grenzen unseres Wissens? Wie sehen wir unsere eigene Rolle im kulturellen Feld und in der Gesellschaft insgesamt? Was wollen wir erreichen in unserer eigenen Praxis und mit ihr? Wer sind unsere Gegner und was genau ist falsch an ihren Fragestellungen und Methoden, an ihrem Habitus und ihrer Lebensweise? Was ist der Maßstab unserer Kritik an der Gesellschaft, an unseren Gegnern wie an unseren Freunden? Es gilt auch, einen Begriff der besonderen Form und Existenzweise des kritischen theoretischen Verhaltens zu entwickeln: Was ist daran unwahrscheinlich und besonders; was ist daran schwierig, was besonders schön und interessant? Wie sieht die »kritische« Alternative der Gesellschaft, des Lebens, Arbeitens und Denkens aus, für die wir eintreten? Ist das Leben, das wir auf unserem Weg dorthin führen, attraktiv? Bei allem ist zu fragen, ob wir wirklich schon eine andere, politisch, moralisch und kulturell kohärente Lebensweise *verkörpern* (oder dies nur behaupten).

Positivistisch ist heute vor allem die verdinglichte Rede von Forschungsfragen und Forschungsbedarf; der Fetisch des Neuen und der Erneuerung. Dies korrespondiert der willfährigen

Unterwerfung unter die Forschungsbürokratie und ihre Vorstellungen von Wissenschaft und wissenschaftlichem Fortschritt sowie ihren Auffassungen über die Natur von Forschung, die Form von Forschungsfragen und die Art und Weise ihrer Bearbeitung. Heute ist das tendenziell eine theoretische Forschung unter Ausschluss der diskutierenden Öffentlichkeit. War früher Interdisziplinarität die Forderung nach Infragestellung von Fächern, ihren Grenzen, Methoden und als normal vorausgesetzten Paradigmen, so ist sie heute ein staatlich administrierter Fetisch der Vernetzung und losen organisatorischen Kopplung von Forscherindividuen und Forschungsinstitutionen – so heißt es auch nicht mehr Interdisziplinarität sondern Verbundforschung. Diese Verbundforschung ist ein staatlich durchgesetzter Imperativ der Simulation erweiterter theoretischer Fragestellungen und verhält sich affirmativ zur bestehenden Organisation des kulturellen Feldes.

12. BEGRIFF UND EXISTENZ DES INTELLEKTUELLEN

Das 20. Jahrhundert war das Jahrhundert der Intellektuellen; sie waren erfüllt von Ideen und Aufgaben, Visionen und Missionen. Die zentrale Illusion im öffentlichen Bild von der Tätigkeit und der Aufgabe der Intellektuellen war es vielleicht, die sehr deutliche und starke Berufung, die sie verspürten (sie selbst und das sie hörende und lesende Publikum), mit einem Beruf zu verwechseln. So haben sich alle viel zu schnell gewöhnt an diese Figur als etwas Selbstverständliches, und haben das Zerbrechliche und Gefährdete dabei übersehen: die sehr unsicheren und seltenen Bedingungen für die Existenz eines wirklich unabhängigen und öffentlich resonanzfähigen Denkens und Sprechens. Heute sind wir ratlos angesichts des Verfalls der Autorität freier Denker, angesichts der Überproduktion von Intelligenz, die ihren Wert untergräbt. Wovor auch die fortschrittliche Intelligenz zurückschreckt: vor dem Gedanken der Verallgemeinerung der Bildung und kulturellen Intelligenz – vor dem Verlust der eigenen Besonderheit, der eigenen Ausnahmeexistenz durch ihre Verallgemeinerung. Der Wunsch nach einer solchen Verallgemeinerung ist aber der emanzipatorische Wunsch überhaupt.

13. DIE NOTWENDIGKEIT VON KULTURKRITIK – LEBENSFORMEN

Es ist das Verdienst von Autoren wie Benjamin oder Adorno, die Bedeutung der Kulturkritik für das progressive Denken erkannt zu haben. Es reicht nicht aus, die Moderne als emanzipatorisches Fortschrittsprojekt zu verstehen (und sich dann mit den Widerständen und Gegenkräften dieses Projekts analytisch und politisch auseinanderzusetzen). Es ist auch wichtig, die Moderne als Verfallsgeschichte zu begreifen: als eine Geschichte der Zerstörung von Lebensformen und kulturellen Gehalten; als eine Bedrohung dessen in der Gesellschaft, was es zu bewahren und zu pflegen gilt. Denn aus Nichts kann keine neue, befreite Gesellschaft entstehen; nicht von einem vollständigen, revolutionären Nullpunkt aus aufgebaut werden, wie es sich so viele Linke vorgestellt haben. Walter Benjamins Liebäugeln mit der Zerstörung, der Armut und der (»positiven«) Barbarei gehörte diesem merkwürdigen linken Weltbild an. Dem ist entgegenzuhalten, dass eine neue Gesellschaft, eine befreite Ordnung nur aus der Umarbeitung der alten entstehen kann. Die Dinge anders einrichten, anders gebrauchen, anders zusammenstellen, anders betrachten lernen. Wie im Leben des Einzelnen, so geht es auch bei der Einrichtung der Gesellschaft insgesamt meistens um den winzigen Unterschied: den Unterschied zwischen normal und gelungen, gerecht und ungerecht, sinnvoll und entfremdet. Immer geht es um die konkrete Lebensweise und um das Lebensgefühl – um die Frage, ob eine konkrete Form, eine Existenz, eine Institution als Beispiel eines guten Lebens gelten kann oder nicht; ob die Einzelnen den Eindruck haben, darin zu ihrem Recht zu kommen, sich entfalten zu können oder nicht.

14. FORTSCHRITT DER THEORIE

Die entscheidende Frage, die sich bei und nach jeder großen theoretischen Kontroverse, bei jedem großen theoretischen Werk stellt, ist die: Wie geht es jetzt weiter? Wie sichert man den erreichten

Stand des Bewusstseins, das erreichte Niveau der Selbstreflexion des theoretischen Gedankens? Denn im Licht des nunmehr neu erreichten Stands kann eigentlich nichts mehr bleiben, wie es ist; erscheint alles tatsächlich in einem anderen Licht; müssten alle Beteiligten jetzt ganz anders arbeiten, denken, lesen, schreiben und leben. Der verdinglichte Wissenschaftsbetrieb aber hat ein ganz anderes Interesse: Er will einfach, dass alles weitergeht. Er will Abwechslung und Neuheit. Deswegen geht von ihm eher die Kraft des Vergessens aus als die Kraft der Vergegenwärtigung und Bewahrung einer erreichten gedanklichen Stufe (die ja immer auch, oder manchmal sogar in erster Linie, die Stufe eines bestimmten Niveaus, eines bestimmten Selbstverständnisses der theoretischen Arbeit selbst ist – eines bestimmten Habitus und Berufsethos). Weitermachen, irgendwie, und sich nicht zu viele Fragen über den ethischen, politischen, historischen und kulturellen Sinn der geistigen Arbeit stellen. Das ist der Imperativ, der vom kulturellen Feld an die Einzelnen ergeht. Und das, obwohl alle anerkannten großen Denker zumal in der Philosophie und in den Sozialwissenschaften im Wesentlichen vor allem eine historische, methodologische und gesellschaftliche Selbstreflexion der Fragestellungen der eigenen kulturellen Disziplinen betrieben haben. Das gilt auch für die Kunst des 20. Jahrhunderts. Überall wird die gleiche Frage gestellt: Könnten wir es nicht auch ganz anders machen, oder auch sein lassen? Wer soll darüber entscheiden, wer autorisiert unsere Gedanken, unsere herrschenden Regeln und Festlegungen? Wer gibt die Fragestellungen vor und mit welchen Gründen? Es wird die Frage gestellt, ob es sich bei den verschiedenen kulturellen Feldern um demokratisch diskutierende Kollektive handelt, um selbst ernannte und sich selbst ermächtigende Eliten, um Klubs oder um Sekten, um bürokratische Organisationen oder um Freundschaftsverbände. Am Ende geht es immer um die ganz einfachen und höchsten menschlichen Fragen: was wir tun, wie wir es tun und wozu. Der moderne Gedanke der Freiheit enthält, wenn er überhaupt ein wesentlicher Gedanke ist, die Aufforderung, diese Frage ohne die bisherigen Autoritäten (Gott, Geschichte, Staat, Erlösung, Produktion, Arbeit, Fortschritt usw.) zu stellen und zu beantworten. Fürchten wir uns davor und geben die Kompetenz zur Bearbeitung der Frage lieber weiter an andere Instanzen ab, alte wie neue?

15. GENERATIONENKONFLIKTE

Die Älteren sind in Rente oder gehen bald in Rente. In vielerlei Hinsicht verzehren sie mit dem Konsum ihrer wohlerworbenen Rechte unsere Zukunft. Sie sagen sich: Wir haben hart gearbeitet, haben es uns verdient. Wir haben ein sehr diszipliniertes Leben geführt. Und wir haben jetzt ein Recht auf ein Leben im Ruhestand, mit einem bestimmten Lebensstandard, auf einem bestimmten Wohlstandsniveau. Wir sind auch müde. Richtig, sie haben es sich im Laufe ihres Lebens, individuell wie kollektiv, erarbeitet. Jetzt zehren sie es auf, zerstören es wieder. Es wird weder für uns noch für zukünftige Generationen jemals einen solchen Standard geben können; er ist weder ökologisch noch sozial und im planetarischen Sinne ökonomisch nachhaltig. Wir sind am Ende dieser Form von westlicher Produktions- und Arbeitszivilisation angekommen.

Was für eine Art von Generationenkonflikt lässt sich hier vorstellen? Früher hatten die jüngeren Generationen insgeheim immer gedacht: Wir werden es wie unsere Eltern machen, nur viel besser, bewusster, gedankenvoller – in jedem Fall aber auf mindestens dem gleichen Wohlstandsniveau. Heute leben in der jüngeren und mittleren Generation immer mehr Menschen, denen es materiell jetzt schon viel schlechter geht als ihren Eltern. Die Probe auf die eigene kulturelle und praktische Lebenskompetenz wird ja eigentlich immer erst dann fällig, wenn eine eigene Familie entsteht. Erst dann zeigt sich, ob Menschen in der Lage sind, theoretisch, ideologisch als richtig Erkanntes in die Praxis umzusetzen. Erst dann zeigt sich, ob Einzelne fähig sind, irgendetwas anders und besser zu machen als ihre Vorgänger- und Elterngeneration. Bemerkenswert an der gegenwärtigen Situation ist ja, dass die mittleren und jüngeren Generationen ihrerseits bereits Produkte gescheiterter oder desillusionierter pädagogischer, politischer und kultureller Hoffnungen auf Veränderungen sind. Wir alle leben im Zeichen eines unermesslichen Scheiterns in dieser Hinsicht; alles kommt darauf an, wie wir mit diesem Scheitern umgehen, wie wir es richtig deuten und verarbeiten: ob das Resultat Konservatismus und Fantasielosigkeit oder eine neue Fortschrittshoffnung mit neuen Erfindungen (oder der Fortsetzung älterer Erfindungen und Forderungen) sein wird. Dies wird sich im persönlichen, sozialen, politischen und kulturellen Leben der nächsten Jahre entscheiden. Wie verhalten wir uns zu dem Scheitern, das die Geschichte der letzten zwanzig, dreißig Jahre charakterisiert? Führt es zu einer resignativen Lehre der konformistischen und ängstlichen Einrichtung im Bestehenden (dessen einziger Veränderungshorizont dann tatsächlich die Bedrohung durch die Krise, die Drohung mit dem Zusammenbruch der gewohnten bürgerlichen Welt in ökonomischer, politischer und ökologischer Hinsicht wäre)? Oder führt es zu einem neuen Aufleben der klassischen emanzipatorischen und egalitären Wahrheiten – zur Einsicht, und zur Beherzigung der Einsicht, dass das eigene Leben und die gesellschaftlichen Verhältnisse geändert werden müssen? Die Entscheidung über diese Frage hängt von der konkreten kulturellen Hegemonie der näheren Zukunft ab – und damit auch von der Lebenspraxis und der kulturellen Arbeit der Intellektuellen.

16. LOGIK DES GEBRAUCHS

Marx hatte seinen Begriff der freien Assoziation als eine Form bestimmt, worin die freie Entwicklung eines jeden die Bedingung für die freie Entwicklung eines jeden anderen ist. Freie Entwicklung oder Entfaltung – ein freier Gebrauch menschlicher Fähigkeiten. In dieser Idee steckt vor allem die Absage an die Unfreiheit, an die Fremdbestimmung der Entwicklung und des Gebrauchs unserer Fähigkeiten. Die menschlichen Fähigkeiten dienen der menschlichen Entfaltung, und sollen, in einer freien Gesellschaft, der (Re-)Produktion des wirtschaftlich Notwendigen nur so weit dienen, wie es eben unbedingt notwendig ist. Überall geht es um die Logik des freien Gebrauchs: im Urbanismus um den des gemeinsamen öffentlichen Raums; in der Ökonomie um den der privaten und der öffentlichen (Gemein-)Güter.

17. MODELL

Alle Handlungen sind Modelle. Ein Modell ist nicht wie ein allgemeines Gesetz, sondern eher wie eine versuchsweise Verallgemeinerung von Handlungen, Prozessen und Haltungen. Das gilt für individuelle wie für kollektive Praktiken gleichermaßen. Es betrifft ethische Maßstäbe ebenso sehr wie Kriterien für soziale und ökologische Nachhaltigkeit. Das gelingende Leben ist ein Modell – ein

Modell seiner selbst. Anders gesagt, die Aufgabe ist, Modelle eines gelingenden Lebens aufzustellen und auszuprobieren; Versuche, Experimente praktischer Art zu unternehmen. Ein Modell ist also etwas Zweiseitiges: zugleich die Versuchsanordnung, die Übung oder Vorübung, und die gesuchte Praxis, das gesuchte Leben in seiner Form selbst. Ein auf die Zukunft bezogener Versuch, Entwurf, und die Erfüllung in der Gegenwart zugleich. Ein Modell ist das Mögliche und das Wirkliche in einem – dabei schwebend und uneindeutig.

Jetzt schon, versuchsweise, so zu leben, wie man es sich für alle wünscht – nicht nur Anweisungen für eine andere Zukunft entwickeln. Das Modell wird gelebt auch dann, wenn dafür Nachteile ökonomischer oder statusmäßiger Art entstehen. Es präfiguriert eine befreite Gesellschaft.

18. DIE FREIE GESELLSCHAFT – TÄTIGKEITEN UND FÄHIGKEITEN

Wenn jemand wie Adorno mit Emanzipation die vernünftige Einrichtung der Gesellschaft meint, dann wird dieses Ziel in seiner bestürzenden Schlichtheit und zugleich Abstraktheit deutlich. Wir selbst, die Menschen, müssen nun die Verantwortung für die Einrichtung unseres (Zusammen-)Lebens übernehmen: Wie soll, wie könnte es aussehen? Welche Lebensformen halten wir für die besten, die uns allen förderlichsten? Wer soll sich in welche Richtung, zu welchem Nutzen (und zu wes-

Logik des Gebrauchs

Marx hatte seinen Begriff der freien Assoziation als eine Form bestimmt, worin die freie Entwicklung eines jeden die Bedingung für die freie Entwicklung aller ist. Freie Entwicklung oder Entfaltung — und freier Gebrauch der menschlichen Fähigkeiten. In dieser Idee steckt vor allem die Absage an die Unfreiheit, an die Fremdbestimmung der Entwicklung & des Gebrauchs unserer Fähigkeiten. Die menschlichen Fähigkeiten dienen der menschlichen Entfaltung und sollen, in einer freien Gesellschaft, der Reproduktion des wirtschaftlich Notwendigen nur so weit dienen, wie es notwendig ist.

Überall geht es um die Logik des freien Gebrauchs: im Mechanismus um den des gemeinsamen öffentlichen Raumes, in der Ökonomie um den der privaten und der öffentlichen (Gemein-) Güter.

[mehrere unleserliche Zeilen]

Modell

Handlungen als Modelle – ein Modell ist nicht wie ein allgemeines Gesetz, sondern eher wie eine versuchsweise Verallgemeinerung von Handlungen, Prozessen und Haltungen. Das gilt für individuelle wie für kollektive Praktiken gleichermaßen. Es betrifft ethische Maßstäbe ebenso wie Kriterien für die soziale und ökologische Nachhaltigkeit. Das gelingende Leben ist ein Modell; das ist der erste Ansatzpunkt für unsere Bemühungen. Oder anders gesagt, die Aufgabe ist es, Modelle eines gelingenden Lebens aus er Probieren; Versuche, Experimente praktischer Art zu unternehmen. Das Modell ist also etwas Zweisinniges: zugleich die Versuchsanordnung, die Übung oder die Vorübung, und die gesuchte Praxis, das gesuchte Leben in seiner Form selbst. Auf die Zukunft bezogener Versuch, Entwurf, und Erfüllung in der Gegenwart. Es ist das Mögliche und das Wirkliche zugleich, ihr Schwebezustand, ihre Uneindeutigkeit.
Jetzt schon, versuchsweise, so leben, wie man es für alle wünscht – nicht nur Anweisungen auf eine andere Zukunft. Das Modell wird gelebt auch dann, wenn dafür Nachteile ökonomischer oder naturmäßiger Art entstehen. Es präfiguriert eine bessere Gesellschaft.

sen Nachteil) entwickeln dürfen und müssen? Wie viel Zeit braucht ein Mensch für sich selbst, für seine Freunde, seine Familie, seine Bildung? Welche sozialen Zwänge der Arbeit, der Anpassung und Kooperation dürfen ihm auferlegt werden? Welche Anlagen sollen in der Gattung, welche in den Individuen entwickelt werden?

Ist das liberale Gesellschaftsparadigma das der antagonistischen Form sozialer Arbeitsteilung, in dem sich wenige auf Kosten vieler entwickeln können, so ist das Paradigma der befreiten Gesellschaft das der möglichst allseitigen Entfaltung aller: die freie Entwicklung eines jeden, wie Marx sagt; die umfassende Entwicklung aller zum Wohle aller anderen. Damit wird eine Form der sozialen Zusammenarbeit anvisiert, die in möglichst großem Maße der Würde und Entfaltung aller dient. Die Vagheit und das leicht Kitschige dieser Ideen gilt es auszuhalten. Die Chiffren der Vielfalt und Gleichheit sind zunächst nur negativ bestimmt: Es darf keine allzu großen Ungleichheiten geben, mit denen gesellschaftliche Positionsvorteile verbunden sind. Alles andere muss in Form von sozialen Institutionen und Alltagspraktiken konkret ausbuchstabiert werden. Das ist der Gehalt der kommenden Demokratie.

19. LEBEN UND ARBEITEN – LEBEN UND WERK

Die Dichter und Denkerinnen, sie leben ein exemplarisches Leben. In all ihren Lebensäußerungen, den scheinbar ganz privaten wie den veröffentlichten, ist ihre Existenz potenziell ein Modell – ein Beispiel für ein gelungenes Leben. So könnte es sein, das Leben, und ich probiere es stellvertretend schon einmal aus. Eine ganz kleine, aber sehr konkrete Möglichkeit. Diese Möglichkeit gegen das Bewusstsein der Schwierigkeit ihres Gelingens zu behaupten ist unsere Aufgabe.

20. VERWANDLUNG

Verwandlungen und Erleuchtungen gibt es immer wieder – Ereignisse, die das Subjekt aus dem Gewohnten herausnehmen, es erheben, verzaubern, erlösen. Aber lassen sie sich auch verstetigen, lassen sie sich übertragen in neue Gewohnheiten und Lebensformen? Lassen sie sich bewahren in ihrer Lebendigkeit und in ihrem Sinn? Ein anderer Mensch werden ist das eine; es weiterhin bleiben, dieser neuen Existenzweise Dauer verleihen das andere. Nicht nur um den Geist und Sinne erfrischenden, den Blick und den Möglichkeitsraum weitenden Ausbruch aus dem Gewohnten und Alltäglichen geht es. Es geht auch darum, neue Gewohnheiten und Alltäglichkeiten zu schaffen. Nicht mehr nur das Normale und die Norm verneinen: neue Normalitäten, neue Gewohnheiten erzeugen.

III.

1. RÄTSEL DER ZEIT

Michael Kumpfmüller erzählt in *Die Herrlichkeit des Lebens* von Kafkas letztem Jahr, seiner Liebe zu Dora Diamant. Auf eine merkwürdige Weise spürt Kafka, dass er so viel Zeit wie nie hat. Das Rätsel der Zeit ist die Frage ihrer Erfülltheit; in diesem Fall die Ahnung, dass dieses Leben hier und jetzt das wahre ist, und nicht irgendein anderes, irgendwann und irgendwo anders mögliches Leben. »Vielleicht ist das ja das Glück, denkt er, diese Form der Verschwendung, abends im spärlich erleuchteten Zimmer, wenn sie sich vorlesen, Dora auf Hebräisch aus der Bibel, oder er etwas von den Grimms oder aus dem Schatzkästlein von Hebel, die Geschichte vom Bergmann, die er über alles liebt. In solchen Momenten hat er das Gefühl, dass er alle Zeit der Welt hat, was ja heißt, dass sie nicht vergeudet ist.« Die nicht vergeudete Zeit: Ewigkeit – wenn die Zeit nicht einfach vergeht, sondern sich für ein Mal erfüllt.

2. ZAUBEREI DES RUFENS

Neben dem Rätsel und der Magie der Zeit gibt es den Zauber der Sprache: der Benennung, des Nennens, des Rufens und Herbeirufens, des Bittens und Betens. Kafka und Dora sprechen zusammen das Gebet. »Er hadert, hat das Gefühl, dass er alles falsch macht, aber es gibt kein Richtig oder Falsch, man muss nur die Gebete sprechen. Man erschafft sich einen Raum, sagt sie. Alles ist still. Nur wenn es ganz still ist, hört sie bisweilen eine Stimme, weit weg, mehr hell als dunkel, seltsam jung, sodass es nicht schwer ist, ihn zu bitten. Hörst du mich? Herr, sagt sie. Bitte erhöre mich. Er soll nur wissen, dass sie hier steht und nichts Unmögliches verlangt.«

Das Beten ist eine Anrufung, auch das Dichten, das Lesen und das Nachdenken, das Erinnern und das Eingedenken. Anrufungen des Geistes, Anrufungen Gottes, der Vergangenheit – rituelle Praktiken der Vergegenwärtigung, des Lebendigmachens. In seinen Tagebüchern schreibt Kafka 1921 über die Magie des Rufens: »Es ist sehr gut denkbar, dass die Herrlichkeit des Lebens um jeden und immer in ihrer ganzen Fülle bereit liegt, aber verhängt, in der Tiefe, unsichtbar, sehr weit. Aber sie liegt dort, nicht feindselig, nicht widerwillig, nicht taub. Ruft man sie beim richtigen Namen, dann kommt sie. Das ist das Wesen der Zauberei, die nicht schafft, sondern ruft.« Die Voraussetzung einer solchen Magie des Rufens oder Herbeirufens ist der messianische Gedanke, dass das Gesuchte, das Heil oder das Heile, nicht neu erfunden oder erschaffen werden muss, sondern immer schon da ist. Es liegt irgendwo verborgen, ganz nah, und wartet darauf, gerufen zu werden, entdeckt und zum Leben erweckt. Es liegt irgendwo, wie Kafka sagt, für uns bereit. Unsere Aufgabe ist es, diese Herrlichkeit des Lebens zu suchen, immer wieder und immer von Neuem.

3. KNAPPHEIT DER ZEIT, KOSTBARKEIT DER ZEIT

Die Kostbarkeit der Zeit wird oft beschworen. Im gesteigerten Gefühl der Befristung verdichtet sich die menschliche Erfahrung der Endlichkeit des Daseins – mal als Gefühl der Vergeblichkeit und des Vertuns, des bloßen Vergehens der Zeit, mal als beglückende Erfahrung erfüllter Zeit. Diese Erfahrung rührt ganz unmittelbar an das Rätsel des Sinns der menschlichen Existenz: Wenn sich in der Gegenwart die Zeit füllt oder erfüllt, dann zeigt sich die Zeit in ihrem konkreten Gebrauchswert für den Menschen. Der gute Gebrauch der Zeit entfaltet das Rätsel der Freiheit.

Demgegenüber liegt die Macht der Gesellschaft darin, die menschliche Zeit möglichst auf ihren ökonomischen Tauschwert zu reduzieren. Das Gesellschaftssystem will uns einreden, dass wir desto wichtiger und anerkannter sind, je mehr Wert unsere Zeit im gesellschaftlichen Austausch von Arbeitsleistungen hat. Das ist die Arbeitswertlehre der modernen kapitalistischen Arbeitsgesellschaft: Die ethische Kostbarkeit menschlicher Zeit ringt mit der ökonomischen Knappheit, mit ihrer restlosen ökonomischen Inwertsetzung. Das ist der zentrale gesellschaftliche Konflikt. Aus ihm folgen die Phänomene der Ausbeutung, der Ungleichheit und der Entfremdung. Je mächtiger der ökonomische Wert der Zeit ist, desto verdinglichter ist unsere Existenz; desto mehr wird sie, wird die menschliche Zeit zu einem bloßen Mittel der Selbsterhaltung der Einzelnen in materieller wie symbolischer Hinsicht. Alle Obsessionen der Statuskonkurrenz drehen sich um diesen Kern. Die Einzelnen werden zunehmend für einander wie für sich selbst Mittel – Mittel im Vergleich des jeweiligen gesellschaftlich zuerkannten Werts. Darin unterwerfen sie sich dem Imperativ der Reproduktion der Gesellschaft, werden zu seiner Funktion. Eine freie Existenz ist eine, die das möglichst weit zurückdrängen kann – die die Sphäre der ökonomischen Notwendigkeit reduzieren kann zugunsten des freien Gebrauchs der Zeit. Dem rein individuellen Auflösen dieses Problems sind zwar gesellschaftliche Grenzen gesetzt. Und doch muss die intellektuelle Arbeit und die von ihr geforderte Existenzweise immer wieder so tun, als ob hier alles nur am Einzelnen läge: an seiner eigenen Überzeugungskraft, seinem eigenen Glauben an die Kostbarkeit, an die Magie der Zeit. Darin kommen alle gehaltvollen literarischen, poetischen, künstlerischen, musikalischen, religiösen und philosophischen Bemühungen – alle kulturellen Übungen des Menschen überein.

4. MASS DES FALSCHEN

Die Zeit arbeitet für Adorno. Konnte man zu seiner Zeit noch recht leicht seine Theorie der maßlosen Übertreibung zeihen, so arbeitet die gesellschaftliche Entwicklung zunehmend in Richtung einer Bewahrheitung von Adornos Kritischer Theorie. Seine These der Falschheit des Bestehenden erweist sich immer mehr als zutreffend. Mit Adorno wird es möglich, nicht mehr nur ein wenig Detailkritik an der bestehenden Gesellschaft zu üben, sondern sie in ihrer gegenwärtigen Form als grundsätzlich falsch zu beschreiben. Alle gegenwärtigen Anstrengungen, politisch, wirtschaftlich wie kulturell, scheinen auf die Erhaltung und Fortsetzung des Bestehenden und Gewohnten gerichtet. Der ganze Diskurs der Krise und all die Notmaßnahmen, die er generiert und legitimiert, sie sollen nur gewährleisten, dass es weitergeht wie bisher. Eine gespenstische Kleinmütigkeit, ein überwältigender Konservatismus, beherrscht die Geister: Bestandserhaltung und Furcht. Und es sind noch immer die stärksten gesellschaftlichen Kräfte, die davon profitieren. Wir brauchen ein Maß für die Falschheit der heutigen Gesellschaft. Nur dann ist daran zu denken, auch ein Maß für eine andere, eine richtige Gesellschaft von Menschen zu entwickeln. Denn wir werden ja in Zukunft Wohlfahrt, Wohlstand, Lebensqualität und Glück ganz anders messen und bewerten müssen als früher, als man es mit wirtschaftlichem Wachstum gleichsetzte.

5. ÖKONOMIEN DER GABE UND GEGENSEITIGER ABHÄNGIGKEIT

Geben ist seliger denn nehmen, so steht es schon im Neuen Testament. Immer noch gilt es zu klären, mithilfe welcher materiellen und spirituellen Vorkehrungen in einer Gesellschaft freiwillige Arbeiten und Formen der Sorge und Fürsorge für andere; auf welche Weise freiwillige Gaben und Schenkungen belohnt, anerkannt und ermuntert werden können. Auch wenn die geistigen Bemühungen der großen Dichterinnen und Denker des 20. Jahrhunderts es versucht und nahegelegt haben: Man kann nicht alleine aus sich selbst und aus einer Idee, einem wahren Gedanken heraus eine ausreichende menschliche Würde gewinnen. Wir sind abhängig von der Anerkennung der anderen – auch in einer Kultur, die weniger auf Wachstum, Arbeit und Konsum gegründet wäre. Jede Gabe hofft auf eine Gegengabe. Auch in einem Paradigma der Vereinfachung und Genügsamkeit stellt sich die Frage nach dem Sinn, nach dem Wozu, nach der Existenzrechtfertigung in den Augen der anderen wie in den eigenen. Unsere Schwäche, unsere Abhängigkeit von den anderen, von sozialen Normen und sozial geltenden Gewohnheiten, wird uns immer schmerzlicher bewusst. Und was ist der herrschende Aktivismus anderes als Ausdruck von und Flucht vor diesem Bewusstsein?

6. THEORIE UND PRAXIS II

Alles Wissen und Bewusstsein, alle Erkenntnis ist nur von begrenztem Nutzen, wenn daraus keine Schlussfolgerungen gezogen werden. Das gilt für alle persönlichen ethischen Probleme wie für alle gesellschaftlichen Probleme der Politik. Kafkas messianischer Pessimismus hatte das schon als ganz prinzipielles, theologisches Hindernis beschrieben: Unsere Fähigkeiten zur Erkenntnis (des Guten und des Bösen, des Richtigen und des Falschen) sind recht entwickelt; nicht aber unsere Fähigkeiten der Beherzigung dieser Erkenntnisse. Der menschliche Versuch, der Erkenntnis »gemäß zu handeln«, überfordert unsere Kräfte, schreibt er in den *Zürauer Aphorismen*. Der Stolz auf unsere Erkenntnisse verbirgt, dass es sich hier eher um eine Krankheit handelt. Denn es ist so, dass »die wahren Verschiedenheiten erst jenseits der Erkenntnis beginnen«. Wir scheitern bei dem Versuch, die Erkenntnis in die Tat umzusetzen. Das ist der Sinn der Sterblichkeit. Die Vertreibung aus dem Paradies: nicht weil wir vom Baum der Erkenntnis gegessen haben, sondern weil wir noch nicht vom Baum des Lebens gegessen haben. Bei Kafka (und Benjamin) sieht es so aus, als ob sich daran prinzipiell nichts ändern ließe – als ob der Versuch, Erkenntnisse und Einsichten zu beherzigen oder zu verwirklichen, die Absicht, »ihnen gemäß zu leben«, vergeblich wäre. Diesen Bescheid können wir als Menschen, als ethische Wesen, natürlich nicht akzeptieren: Wir können nicht akzeptieren, dass eine Änderung dieses Zustands der Unmöglichkeit nur in einem Register der messianischen Erlösung möglich ist, und nicht im Modus menschlicher – individueller wie kollektiver – Praxis. Wir müssen versuchen, dieses Problem in der Praxis zu lösen; allerdings im Bewusstsein von Kafkas, Benjamins und Adornos Hinweisen.

Keiner weiß besser als die Theoretikerin, dass alle entscheidenden Fragen letztlich durch (richtige) Praxis beantwortet werden, vom richtigen Leben. Wittgenstein würde sagen: durch Gebrauch. Er hat am deutlichsten ausgesprochen, dass die Lösung der großen Fragen des Denkens ihr Verschwinden wäre, ihre Auflösung. Allerdings saß er bisweilen dem polemischen und positivistischen Irrtum auf, dass es um ein bloßes Fallenlassen des theoretischen Fragens und seiner Modalität ginge (also um das bloße Durchschauen eines Missverständnisses). Es ist eine Illusion, dass »das Leben« selbst, die Praxis, keine Fragen habe oder stelle.

7. KOLONISIERUNG DER LEBENSWELT

Es ist bemerkenswert zu sehen, in welch erstaunlichem Maße Theorien aus der früheren Bundesrepublik gesellschaftskritische Analysen produziert haben, die eigentlich erst mit der Zeit wahr wurden. Das gilt auch für Habermas' Theorem von der Kolonialisierung der Lebenswelt durch das ökonomische und administrative System der Gesellschaft. Wenn auch noch die letzten Bereiche der Gesellschaft, die Gefühlsregungen, das Familienleben und die Kultur zunehmend verwaltet und in eine Warenform überführt werden – dann muss man fast lächeln über die früheren Thesen der Kolonialisierung und Verdinglichung. Es waren Behauptungen, deren Sinn und deren Richtigkeit sich erst mit der Zeit erwiesen. Dadurch aber wird uns klar: Der Sinn von Theorie ist prophetisch einerseits, rein normativ oder zweckpessimistisch andererseits. Emphatisch kritische Theorie möchte das *abwenden*, was sie kritisch beschwört. Fast alles ist genau so eingetroffen, wie Adorno und Habermas mit einer gewissen Lust an der Übertreibung an die Wand gemalt hatten. Ihre Beschwörungen sind nicht mehr abzuwenden.

8. NULLSUMMENSPIELE II

Wir können nicht alles haben. Alle Handlungen, alle Praxis, alle Energieverausgabung ist eine Entscheidung, eine Prioritätensetzung: für eine bestimmte Tätigkeit und Fähigkeit, und damit gegen bestimmte andere, die auch möglich wären. Ein Kind zum Beispiel, das immer exzellente Leistungen in der Schule erbringt, ist entweder ein Genie, also eine absolute Ausnahmeerscheinung, ein Phänomen der Natur – oder ihm fehlt eben durch diese Form der Arbeit und der Fähigkeitsentfaltung irgendetwas anderes. Entweder körperliche Fähigkeiten, sinnlich-künstlerische Ausbildung, emotionale Fähigkeiten, soziale Kontakte und Sozialkompetenz, oder handwerklich-praktische Fähigkeiten. Irgendwo muss es fehlen. Das richtige Ideal wäre nicht das maximale Funktionieren der sozialen Arbeitsteilung, die technischen und wirtschaftlichen Fortschritte der *Gattung*, sondern die umfassende Entwicklung der einzelnen *Persönlichkeiten*. Das ist die höchste Norm für die Einrichtung der gesellschaftlichen Verhältnisse.

Der Kern der bürgerlich-liberalen Entwicklungsvorstellung, ihre Idee von Fortschritt, ist die Verleugnung dieser Zusammenhänge. Sie setzt Werte und Ziele, die im Rahmen der gegenwärtigen Einrichtung der Gesellschaft immer nur für einige erreichbar sind, als allgemein erreichbare. Sie setzt damit einen gesellschaftlichen Antagonismus in Gang, der immer nur einige auf Kosten der anderen sich entwickeln lässt (auch auf Kosten ihrer eigenen Natur). Die Verkennung der begrenzten Natur aller ökologischen, sozialen, ökonomischen, kulturellen und humanen Haushalte ist das Gerüst aller borniert bürgerlichen Gesellschaftsvorstellungen. Sie verkennen prinzipiell ihre eigenen Prioritätensetzungen. Was man früher etwas grob gemäß dem Geist der Zeit »Spontaneität« und »Selbstverwirklichung« nannte, ist eben nicht in erster Linie ein Problem des Individuums. Es ist ein Problem der gesellschaftlichen Bedingungen der

Koexistenz, der jeweils zusammen und gleichzeitig möglichen Formen der individuellen Entfaltung, und der Gebräuche, in die all das eingebettet ist: die Möglichkeitsbedingungen für jeweiliges Verhalten, das unausgesprochen Erlaubte und Unerlaubte, Denkbare und Undenkbare, Sagbare und Unsagbare, Mögliche und Unmögliche.

9. QUALUNQUE – IRGENDJEMAND

Die fortgeschrittenste Ontologie der Gemeinschaft befasst sich mit dem Problem identitätsloser Personen und Gemeinschaften: ohne Einheit und ohne Repräsentation. Kann man aber (und das ist eine Frage, die sowohl Kollektive als auch Individuen elementar in ihrem Wesen betrifft) wirklich irgendjemand sein? Ist das möglich? An der Utopie des Nichtidentischen festzuhalten ist jedenfalls der Kern des avancierten Denkens. Erst in einem veränderten Ganzen fällt uns die Möglichkeit einer befreiten Eigenheit zu, einer sich nicht versteifenden, nicht in einer festen Identität sich verschließenden Subjektivität des Daseins. Das Besondere des »Qualunque« von Giorgio Agamben aus seinem Buch *Die kommende Gemeinschaft* ist es eben, irgendeiner, also in mancher Hinsicht nichts Besonderes zu sein. Die Besonderung hat keine Stütze in der Allgemeinheit, einem allgemeinen Wesen. – Aber können wir das aushalten? Es ist zu bedenken, dass das Besondere des Identitätsdenkens, der Geistesmetaphysik Alteuropas war, für die Einzelnen einen subjektiven Schatz, einen sicheren Besitz zu verheißen. Dieses Versprechen wird fallengelassen. Was stattdessen geboten wird, sieht für den an den klassischen Erwartungshaltungen geschulten und an sie gewöhnten Menschen auf den ersten Blick einem gewöhnlichen modernen Materialismus und Positivismus ähnlich. Das aber ist eben das Geheimnis: Die messianische Welt, die Welt der Erlösung und der Versöhnung, die Welt der Befreiung, oder wie immer wir sie nennen möchten, ist nur um ein Winziges von der bekannten, bestehenden Welt verschieden. Aber dieser Unterschied ist ein Unterschied ums Ganze: ein Unterschied im Zustand der Welt und der Einzelnen gleichermaßen. In einer anderen Welt sind wir ganz andere: irgendjemand, freie singuläre Wesen, vielfältige Einzelne ohne Identität. Was das für den Zustand der Einzelnen und ihrer Zusammenschlüsse bedeutet, darüber wissen wir noch fast nichts. Davon haben wir bisher nur Ahnungen.

10. SOZIALE ARBEITSTEILUNG UND VIELFALT

Die emphatische Idee des freien und vielfältigen Menschen ist letztlich die Idee der Überwindung der bürgerlichen Arbeitsteilung. Marx hat das in der *Deutschen Ideologie* plastisch formuliert – es geht um eine Lebensform jenseits des Zwangs zur Spezialisierung der menschlichen Existenz auf spezifische Fähigkeiten und Berufsrollen. Jeder soll allseitig ausgebildet sein und sich im konkreten Alltag allseitig betätigen können. Die *vielfältige Existenz* ist die konkrete Utopie der kommunistischen Gesellschaftsidee: Vorrang der freiwilligen vor der notwendigen, Vorrang der unbezahlten Arbeit vor der Lohnarbeit; Vorrang überhaupt der freiwilligen sozialen Zusammenarbeit. Es ist die Idee der Emanzipation als größtmögliche Souveränität, größtmöglicher Abstand der Einzelnen zu den jeweiligen Professionssystemen und Institutionen, die ihr Denken und Handeln konformieren. Die Systeme disziplinieren uns, brechen unseren Eigenwillen und unser Begehren nach einem guten Leben ebenso wie nach freier Tätigkeit. Sie zwingen uns zur Spezialisierung und (Selbst-)Beschränkung; zu antagonistischen Formen der Selbstbehauptung. Die Idee der Emanzipation ist also letztlich ganz einfach: die Idee des vielfältigen Menschen, seiner allseitigen Entwicklung. Das hat Folgen für den Begriff von Arbeit und Beruf im Allgemeinen; für Begriff und Sinn intellektueller Arbeit im Besonderen. Der Berufsethos, der dem entspricht, wäre der des Antiprofessionellen.

11. TRANSDISZIPLINARITÄT

Die Forderung, über die Grenzen des eigenen Fachs hinauszugehen, ja diese »aufzusprengen«, ist eine Forderung an die Arbeitsweise und Lebenspraxis einzelner Gelehrter. Es handelt sich nicht so sehr um theoretische Modelle als um praktische. Sie können nicht nur alleine im theoretischen Modus, »wissenschaftlich«, behauptet werden. Man muss sie auch real einlösen können.

12. UNANSPRECHBARKEIT

Bei der Begegnung mit wichtigen und viel beschäftigten Leuten, mit sogenannten Eliten oder Prominenten, fällt einem vor allem ihre vollständige Absorption durch ihre öffentliche Stellung und Aufgabe auf; ihre bis in die Haarspitzen dringende Professionalität. Sie vor allem gebietet, »keine Zeit zu verlieren«. Solche Menschen machen fast keine realen Erfahrungen mehr; ihre Unansprechbarkeit und Unerreichbarkeit ist ihnen von Amts wegen zur zweiten Natur geworden. Sie haben kaum noch eine Chance, irgendetwas infrage zu stellen. Vor allem haben sie kaum noch Möglichkeiten, wirklich etwas über sich selbst zu erfahren. Ab einem gewissen sozialen Rang verbietet, verhindert dies der Status selbst. Wer den Wert seiner Person, in letzter Instanz seiner Zeit, in solche Höhen getrieben hat, steht immer im Mittelpunkt und wird überall bestätigt. Das ist ein narzisstisches Syndrom. Wir werden von Unansprechbaren regiert, im wirtschaftlichen, im politischen wie im kulturellen Leben – ganz gleich aus welchem ideologischen Lager, aus welcher beruflichen Sparte.

13. BÜRGERLICHE LINKSINTELLEKTUELLE

Adorno hat über die Widersprüche des bürgerlichen Linksintellektuellen im Prinzip alles gesagt. Hier gibt es nicht mehr viel Neues zu sagen. Alles, was jetzt noch geschehen kann und muss, sind praktische Auflösungen, praktische Entfaltungen und Gebrauchsweisen dieser Widersprüche. Hatte Adorno (und sein rechtsintellektueller Gegner Heidegger) noch am Rande des Wissenschaftsbetriebs gewirkt, so sind solche Gedanken heute jenseits dieses Systems angesiedelt. Sie sind ortlos geworden. Fortschrittliche Intellektuelle arbeiten daran, diesen unmöglichen Ort zu besetzen, ihn zu bewohnen.

14. AUFSTIEGSHOFFNUNG UND ABSTIEGSANGST

Vergleicht man die vorherrschenden Affekte der Periode prosperierender Vollbeschäftigung mit der Periode wachsender sozialer Unsicherheit, zeigt sich ein diametraler Gegensatz. Grundsätzlich gilt: Politische und soziale Affekte strukturieren den öffentlichen Raum ebenso, wie sie die Subjekte bestimmen. Sie determinieren, sie organisieren das jeweilige politische Projekt – und werden umgekehrt von diesem determiniert, in Dienst genommen, immer wieder neu erzeugt. Aufstiegshoffnung, und zwar: begründete Aufstiegshoffnung war das einende Grundgefühl in den Volksmassen der 1960er, 1970er Jahre und 1980er. Ab den 1990er Jahren wurde dieses Grundgefühl zunehmend enttäuscht, und wurde bald unbrauchbar um als einendes individuelles und kollektives Gesellschaftsprojekt zu wirken, das eine Richtung für die Entwicklung vorgibt, eine Fortschrittsachse konstruiert.

An die Stelle ist die Abstiegsangst der Mittelschichten getreten. Sie organisiert als bestimmender Affekt den öffentlichen Raum und seine Sprache, die politischen Maßnahmen, und die allerpersönlichsten Empfindungen gleichermaßen. Alain Badiou hat die entsprechende Herrschaftstechnik von Staat und Kapital als ein Regieren mit der Furcht beschrieben. Die sozialen Verteilungskämpfe werden nun von dieser Furcht angetrieben; von ihr angeheizt, aufgeladen, aufgepeitscht. Das mehr oder weniger offizielle Leitbild dieses neuen Regimes ist nicht mehr der soziale Fortschritt, sondern der Sozialdarwinismus. Es geht ums Überleben – und nicht mehr um das Projekt eines besseren Lebens für alle. So fahren nicht nur politische Parteien und staatliche Verwaltungen, sondern auch soziale Klassen, Gruppen und Generationen, zuletzt auch alle Einzelnen ihre Ansprüche an die Qualität des (Zusammen-)Lebens zurück.

15. DIE UNTERFORDERUNG DES PUBLIKUMS

Nicht nur im Fernsehen und in der Zeitung, auch in den öffentlichen Ansprachen und Podiumsdiskussionen, in den sogenannten Sachbüchern für das allgemeine Publikum, in wissenschaftlichen Konferenzen und in Kunstausstellungen sowie den sie begleitenden Katalogen und Pressemitteilungen – überall stoßen wir auf dasselbe Phänomen: eine kolossale, geradezu unglaubliche Unterforderung des gebildeten Publikums. Man unterschätzt die Leute, ihr Wissen und ihren Willen zum Wissen. Das ist die Schuld aller sogenannten Eliten: Sie respektieren die Öffentlichkeit nicht. Immer wird mit »terribles simplifications« hantiert, fast nirgendwo werden die Einzelnen ernst genommen in ihrem Begehren zu denken, zu wissen und zu fragen. So entstand eine Kultur des Namedroppings, wo Verweise an die Stelle von Argumenten treten, bloße Aperçus und dekorative Thesen an die Stelle von Gedanken.

Viele »Experten« gefallen sich in der ihnen anempfohlenen Rolle des Einäugigen unter den Blinden; in einem letztlich hierarchischen, reaktionären Stil der Sprache und der ganzen Argumentation. Das führt zu einem latent selbstgefälligen Denken, das leicht in Selbsthass umschlagen kann. Dieser Stil entbehrt jeden Ernstes, jeder inneren Nötigung, jeder Emphase. Wenn aber der Gedanke, wenn sich die Denkenden insgeheim selbst nicht mehr respektieren – wie sollen sie dann das Publikum achten? Die inegalitäre Sprache der (nicht nur kulturellen) Professionssysteme ist der Keim einer neuen Gegenaufklärung. Aus ihr folgt alles Phrasenhafte und Hohle der Diskurse, die wir aus gegenwärtigen Artikeln, Aufsätzen und Katalogtexten kennen. Das erzeugt den Überdruss, der jederzeit in offene Intellektuellenfeindschaft umschlagen kann. Egalitär wäre nur der für alle gleichermaßen mögliche Glaube an die Macht des Denkens.

16. LEBEN ALS MODELL

Darin haben Frauen (genauer gesagt: dauerhaft »weibliche« Arbeit verrichtende Wesen) und Intellektuelle (dauerhaft geistige Arbeit verrichtende Wesen) Übung: das Leben als Modell freiwilliger Arbeit für sich und andere. Das Leben als Modell eines guten Lebens. Das bedeutet für alle »Produkte« der geistigen und der sorgend-reproduktiven Arbeit, dass sie gut gemacht werden müssen, ganz so, als ob sie um ihrer selbst willen hervorgebracht worden wären und existierten. Schönheit der Existenz: sich solchen Dingen widmen können. In ihnen aufgehen, als ein Modell oder als ein Versuch. In ihnen, mit ihnen menschlicher Selbstzweck sein; nicht Mittel der gesellschaftlichen Produktion oder Reproduktion. Und dabei nicht nur sich selbst, sondern auch die anderen jederzeit, wie es in Kants Moralphilosophie heißt, nicht nur als

82.

Verwüstungen des Neoliberalismus

Wie kann man über die Verwüstungen, die der Neoliberalismus angerichtet hat, angemessen schreiben? So sehr sind wir theoretisch schlau geworden in jüngerer Zeit, haben ein immer größeres Bewußtsein der gesellschaftlichen Widersprüche und unsere eigenen ambivalenten Rolle darin entwickelt — so sehr sind wir praktisch dümmer geworden, immer unfähiger, das wachsende Wissen als produktive Kraft zu verwenden, es fruchtbar zu machen für unser Leben. Wir wissen nicht, wie wir unser Unbehagen, unser Unglück ausdrücken sollen. Wir sehen die Zerstörungen und was sie mit uns machen. Doch wir betrachten sie immer noch so, als ob wir nur die Objekte unserer Beobachtungen wären — und nicht die Subjekte unserer Handlungen. Es gibt die Gefahr, daß wir uns selbst objektivieren, uns verdinglichen — daß wir die Vergegenständlichung unserer selbst im gesellschaftlichen Zusammenhang noch einmal wiederholen, und so letztlich bestätigen. Als ob all das, was geschehen ist und noch geschieht, im Geschehen begriffen ist, tatsächlich ein fait accompli wäre. Als ob es nicht ein Machtkampf wäre, in welchem wir die Mitspieler sind.

Die Unterforderung des Publikums

Nicht nur im Fernsehen und in der Zeitung, auch in den öffentlichen Ansprachen und Podiumsdiskussionen, in den sogenannten Sachvorträgen für das allgemeine Publikum, in wissenschaftlichen Konferenzen und in Kunstausstellungen sowie den sie begleitenden Katalogen und Pressemitteilungen — überall stoßen wir auf dasselbe Phänomen: eine kolossale, eine unglaubliche Unterforderung des Publikums. Man unterschätzt die Leute, ihr Wissen und ihren Willen zum Wissen. Das ist die Erbsünde aller sogenannter Eliten: Sie respektieren die bürgerliche Öffentlichkeit nicht. Immer arbeitet man mit terribles simplifications, nirgendwo nimmt man die Einzelnen ernst in ihrem Begehren zu denken, zu wissen und zu fragen. So ist eine Kultur des Name-droppings entstanden, wo Verweise an die Stelle von Argumenten und Gehalten treten, bloße Aperçus und dekorative Thesen an die Stelle von echten Gedanken.

So viele "Experten" gefallen sich in der ihnen anempfohlenen Rolle des Einäugigen unter den Blinden; in einem letztlich einwärchenden, inegalitären Stil der Sprache und der ganzen Argumentation. Wenn aber der Gedanke, wenn sich die Denkenden selbst nicht mehr respektieren — wie sollen sie dann das Publikum achten? Die inegalitäre Sprache der kulturellen Professionssysteme ist der Keim der neuen Gegenaufklärung. Egalität aber ist nur der für alle gleichermaßen mögliche Glaube an die Macht des Denkens.

Mittel, sondern als Zweck an sich selbst behandeln. Die freie Existenz ein Modell ihrer selbst: Versuch, oder auch Beispiel der eigenen Entfaltung. Alle, die ein solches Leben führen, wissen, wie schön das ist – aber auch wie schwierig durchzuhalten.

17. ORTLOSER GEIST

Es gibt das Motiv der Einsamkeit – der Absonderung von der Gesellschaft und ihrer Macht. Es gibt das Motiv der Erkenntnis und der Formung des Selbst: immer klarer, immer genauer, immer einfacher das sagen, was man sagen möchte. Dabei geht es darum, mit der Zeit unabhängiger, souveräner zu werden. Das eigene Wesen zum Ausdruck bringen und befreien. In der Gegenwart ist das Motiv der Weltfremdheit und Einsamkeit besonders wichtig. Wir stehen, wie Wittgenstein bereits im Vorwort zu den *Vermischten Bemerkungen* schrieb, der eigenen Kultur ganz fremd, ganz feindlich gegenüber. Wir können und wollen unsere Ideen, unsere Kräfte nicht in den Dienst der uns bekannten Kultur stellen. Darin artikuliert sich ein Geist, der nicht der herrschende ist. Es ist ein ortloser Geist, der damit angerufen wird, ohne institutionelle Stütze. Deswegen beginnt Wittgenstein dieses Vorwort mit der Bemerkung: »Dieses Buch ist für diejenigen geschrieben, die dem Geist, in dem es geschrieben ist, freundlich gegenüberstehen. Dieser Geist ist, glaube ich, ein anderer als der des großen Stromes der europäischen und amerikanischen Zivilisation.«

Der oppositionelle Geist der freien Denkerin speist sich aus einem instinktiven Urteil über die eigene Kultur. Er konstruiert sich als Abweichung und Widerstand. »Zur Zeit der Unkultur aber zersplittern sich die Kräfte und die Kraft der Einzelnen wird durch entgegengesetzte Kräfte und Reibungswiderstände verbraucht, und kommt nicht in der Länge des durchlaufenen Weges zum Ausdruck, sondern vielleicht nur in der Wärme, die er beim Überwinden der Reibungswiderstände erzeugt hat.« Der oppositionelle Instinkt entfaltet den Widerstand, teilt ihn mit und entwickelt ein immer größeres Bewusstsein für sich selbst, für den eigenen Abstand zur bestehenden Welt. Sein Gehalt ist fast privat; er setzt aber ein gemeinsames (Vor-)Verständnis, einen gemeinsamen Geist einiger weniger voraus: »Ich schreibe also eigentlich für Freunde, welche in Winkeln der Welt verstreut sind.«

Die Arbeit an und mit dieser unmöglichen Position dient der Klarheit – die nicht zuletzt Klarheit und Klärung des eigenen besonderen Standorts und Standpunkts ist. Klarheit, Klärung: dorthin kommen, wo man (eigentlich) schon ist. Ausschließung der Vielen, der Meisten – Anrufung eines anderen Volkes. Die Einsamkeit ist dabei immer zugleich eine freie Absonderung, und eine schmerzliche Trennung von den anderen. Sie ist zugleich Anmaßung und Stärke, sowie große Schwäche und Zerbrechlichkeit. Die Heimatlosigkeit und Fremdheit zeigt sich auch dort, wo Wittgenstein, Heidegger oder Adorno sich ganz markant zu Gegnern ihrer eigenen Disziplin der Philosophie, ihres Fachs, der gegenwärtigen Wissenschaftsorganisation insgesamt, sowie (im Falle von Adorno und Wittgenstein) als nicht zugehörig zu ihrer eigenen Klasse erklären. So wird die Nicht-Zugehörigkeit, die Nichtidentität auf die Spitze getrieben. Und so wird, im gelungenen Fall, aus der Beschränkung eine potentielle Universalität.

18. VERWEIGERUNG – INTELLEKTUELLENARBEIT

Der Versuch, sich dem herrschenden Realitätsprinzip zu entziehen, erzeugt sehr spezielle Lebensformen. Er kann nicht umstandslos gelingen, sondern erzeugt vor allem Energie, aber auch Energieverlust, durch Reibungswiderstand. Sich weigern und verweigern: Es ist auch dies eine Konvention, eine Konvention der bürgerlichen Kultur. Innerhalb bestimmter Grenzen ist das Intellektuellen erlaubt, ja sogar geboten. Zumindest war es das im 20. Jahrhundert. Die Zeit respektierter Außenseiter, von institutionell ungebundenen Intellektuellen und souveränen Grenzüberschreitern, scheint angesichts des wachsenden Konformitätsdrucks im kulturellen Feld erst einmal vorbei zu sein. Sie werden heute aus der bürgerlichen Hochkultur vertrieben und in eher populistisches Fahrwasser gedrängt. Die interessante Frage ist: Was geschieht mit den Entwicklungs-, Ausdrucks- und Sinnerfüllungsbedürfnissen von (jüngeren) Mitgliedern der akademisch gebildeten Mittelschicht? Wo, wie und woran arbeiten sie? In welchem Professionssystem (oder am Rande, außerhalb welchen Professionssystems)? An welcher Aufgabe? Das Bedürfnis nach einem höheren Auftrag an die eigene Arbeit und Existenz hatte ja Benjamin deutlich formuliert: »Keinen Moment ohne historischen Auftrag existieren.« In jedem Moment stellt sich die Frage: Woran und für wen arbeiten die bürgerlichen Linksintellektuellen? Wem oder was stellen sie ihre Kräfte zur Verfügung? Woran glauben sie, woran nicht (mehr), beziehungsweise, wenn sie an nichts mehr glauben (an keine »Großen Erzählungen« mehr zum Beispiel), was machen sie dann? Denn es geht ja immer weiter mit ihnen. Sie hören ja nicht einfach auf, wenn es gerade kein wirklich fortschrittliches Projekt gibt, für das man denken, schreiben, sprechen und kämpfen könnte. Auch die Verweigerung wurde immer als eine Aufgabe verstanden, als Auftrag irgendeiner höheren Instanz (der Geschichte, des Geistes, des Lebens, der Unterdrückten, der Utopie …). Nichts spricht dagegen, dass dies nicht weiterhin möglich sein sollte.

19. ÄNDERUNG DES GANZEN UND GEIST VON 1968

Von Adorno aus gesehen geht es immer um die Kritik und Veränderung des *Ganzen* der Gesellschaft. Sein zentraler Gedanke besagt, dass immer von der Einrichtung der Welt im Ganzen auszugehen ist. In seinen Vorlesungen über *Probleme der Moralphilosophie* sagt er: Nur das Bewusstsein von der eigenen Unfreiheit, von der eigenen »Zwangssituation«, schaffe die Bedingungen dafür, »die Frage, wie man heute nun überhaupt zu leben vermöchte, richtig zu stellen«. Adorno fährt fort (und bezieht sich dabei explizit auf Kants kategorischen Imperativ, den er ins Negative wendet): »Das einzige, was man vielleicht sagen kann, ist, daß das richtige Leben heute in der Gestalt des Widerstands gegen die von dem fortgeschrittensten Bewusstsein durchschauten, kritisch aufgelösten Formen eines falschen Lebens bestünde. Eine andere als diese negative Antwort ist wohl wirklich nicht zu geben.« Adorno warnt aber sofort, dass der »Widerstand gegen das, was die Welt aus uns gemacht hat, [...] nun beileibe nicht bloß ein Unterschied gegen die äußere Welt, gegenüber der wir uns selbst ins Recht zu setzen hätten«, sein kann.

Die gesellschaftlichen Zwänge sind eben auch die Zwänge für uns selbst mitzuspielen. Deswegen ist Freiheit eine Idee, welche eben »die Freiheit des Ganzen« mit setzt; und deswegen ist sie »als isolierte, also ohne gesamtgesellschaftliche Freiheit, nicht einmal möglich zu denken. Es ist der Fehler der Ethik, die vielen von ihnen als avancierte begegnet, nämlich der existentialistischen, aus Protest nun gegen die verwaltete Welt, die Spontaneität, das Subjekt, soweit es nicht erfaßt ist, zu verabsolutieren.« Emanzipation, diese Chiffre für die Befreiung von Zwängen der Gesellschaft – sie ist, so Adorno, nicht in spontanen Akten und voluntaristischen Gesten zu haben. Das war sein Dissens gegenüber dem »Geist von 1968«. Dieser Geist meinte, hier und jetzt ein richtiges Leben, oder zumindest bedeutende Stücke davon haben zu können. Theoretisch hat Adorno recht: Es gibt kein richtiges Leben in einer insgesamt falschen Welt. Wenn aber die Änderung der Welt ausbleibt und mit der Zeit eher unwahrscheinlicher als wahrscheinlicher wird (und darin liegt wohl eine entscheidende Erfahrung unserer Zeit) – was sollen wir dann tun? Wenn die Emanzipation aufgeschoben ist, was nützt uns dann das Bewusstsein des Falschen? Müsste man dann nicht Adornos ethisch-politische Postulate noch genauer reformulieren und ihren Sinn ganz leicht verschieben: Es bleibt uns nichts anderes übrig, als, im Allgemeinen wie im Besonderen, nach Formen oder Spuren des richtigen Lebens im falschen zu suchen. Und zwar im Bewusstsein der Unmöglichkeit, aber eben auch der Möglichkeit des Unmöglichen.

IV

1. DIE AUSNAHME UND DIE REGEL – DIE WENIGEN UND DIE VIELEN

Lange Zeit haben sich viele damit begnügt, dass es immer nur einige wenige gibt, die herausragen aus dem Mainstream, aus dem Gewöhnlichen und Niederträchtigen der bürgerlichen Gesellschaft. Und noch immer freuen wir uns an einzelnen Figuren, die politisch oder spirituell Maßstäbe setzen. So haben wir einige Vorbilder oder Leitbilder, einige lebende und einige tote Freunde. Aber wir beginnen zu spüren: Das reicht auf Dauer nicht aus. In Zukunft wird es darum gehen, den Geist und die menschliche Substanz der *Vielen* zu verändern: von uns allen. Es wird darum gehen, an uns allen zu arbeiten, anstatt sich damit zu begnügen, die Sehnsucht nach der Wahrheit und der Schönheit, nach der Freiheit und nach dem guten Leben an andere zu delegieren. Bisher unternehmen sie, die Avantgarden der Kultur und der Politik an Stelle der vielen Versuche mit einem wahren, radikalen, anderen Leben. Bisher reichte es vielen offenbar aus, Zeugen zu sein: Publikum der wenigen. Die Aufgabe der Wissenschaft und der Publizistik war es, diese Ausnahmen aufzuzeichnen, einzuordnen und zu bewundern. Daher das zugleich Akademische und Erbauliche der bürgerlichen Kultur. Eine andere Kultur, eine wirkliche Kultur der

Freiheit, erforderte aber eine tatsächliche Mitarbeit und Verwandlung der vielen. Sie erfordert eine Verwandlung ihres Sinns und ihres Lebens: Möglichkeiten der realen Nutzung der geistigen Potenziale – und nicht nur lauter Behauptungen, nicht nur immer wieder diese »Infragestellungen«, diese Bewusstseinsroutinen der kleiner werdenden gebildeten Minderheiten.

2. NICHTIDENTITÄT

Denen, die nicht einverstanden sind, erscheint die Ablehnung all der schändlichen Einteilungen und Kategorisierung des Menschen als selbstverständlich: Alter, Geschlecht, Beruf, Klasse, Rasse, Nation, Glaube, Ethnie, Bildungsstand usw. Es ist der Versuch, sich zu verweigern, sich zu entziehen – also irgendjemand zu sein, »qualunque«, wie Agamben sagt. Es ist der Wunsch, ohne die üblichen Einteilungen und Prädikate zu sein, mit anderen zu sein; nicht erfasst, nicht definiert durch die großen Formen der sozialen Einteilung und Identifikation. Emanzipation ist insofern eine Chiffre für eine Existenz jenseits der großen sozialen Kategoriensysteme und Einteilungsmaschinen. Kann man einander unbestimmt und offen begegnen? Ist das möglich? Es ist das Begehren nach einem freien Verhalten; nach einer Durchbrechung der üblichen Bewertungen und Verortungen, der üblichen Hierarchien der Personen. Es ist die Sehnsucht nach einem anderen Verhältnis zu sich selbst und zu den anderen. Sich selbst, die Dinge, die anderen mit einem Mal ganz anders sehen, in einem anderen Licht: im Licht der Gnade, der Poesie, des Kommunismus. Ganz profan, und zugleich ganz heilig erscheint dann alles. Vor allem aber, und das ist eben die Idee des Erscheinens im emphatischen Sinne, *erscheint* dann alles und jeder als Zweck an sich selbst und nicht mehr als Mittel für anderes und andere. Alles gleichermaßen wichtig. Alle ganz gleich, ganz geheimnisvoll, irreduzibel. Sich einander als Gleiche und je Andere begegnen. Dem Realitätsprinzip der Gesellschaft, der Reduktion auf die jeweiligen hierarchischen Einteilungen ein Schweben entgegensetzen: ein Dasein ganz leicht über dem Boden der angeblich entscheidenden Tatsachen. Man könnte auch sagen eine Anwesenheit in einem ganz anderen Tatsachenraum. Damit ist ein staunender Aufenthalt miteinander gemeint. Was politisch im Raum der sozialen Rechte die radikale Gleichheit aller ist, das ist ethisch die radikale Andersheit des »Irgendjemand«. Niemand hat hier das Recht zu behaupten, er wüsste, wer der andere ist (wie er einzuordnen, anzusprechen, zu bewerten und zu behandeln ist). Das ethische Prinzip der ganz allgemeinen Anerkennung und Würdigung ist das gleiche wie das ästhetische Prinzip des Erscheinens. Diese Anwesenheits- und Erscheinungsform dient als utopisches Modell des menschlichen Zusammenlebens: des freien Mitseins von Gleichen; der Nichtidentität.

3. ÜBER DAS WEGLASSEN

Die Menschen werden sich, als Einzelne und als Menschheit insgesamt, entscheiden müssen, was sie alles weglassen wollen und müssen. Bislang hatte man sich Fortschritte immer nur als Steigerungen vorstellen können (und dies ist vielleicht die entscheidende kulturelle Blockade beim Versuch, unsere Lebensweise zu ändern): Leistungssteigerungen, Produktionssteigerungen, Möglichkeits- und Machbarkeitssteigerungen. Langsam dämmert uns, dass mit der Logik der Steigerung menschliche Freiheit immer mehr eingeschränkt wird. Wir werden überlegen müssen, welche »Fortschritte« der Technik und Zivilisation, welche (technischen, ökonomischen, rechtlichen und kulturellen) Standards noch Bestand haben können, um ein Leben aller in Freiheit zu ermöglichen. Es wird einen »kritischen Rückbau« von Modernitätsstandards geben müssen. Es reicht also nicht aus, einfach zu postulieren: Weniger ist mehr. Wir werden unterscheiden müssen, was der Freiheit und der Lebensqualität dienlich ist und was eher nicht. Das erfordert dann eben nicht einfach nur ein Unterlassen des Falschen, sondern ein aktives Weglassen: Abschaffen, Verwerfen, Zerstören. Überall werden wir zu entscheiden haben, was weiter Bestand haben soll, weil es uns dient, und was abgeschafft werden muss, weil es uns einer Zwangslogik der

Produktion, des Wachstums, der Arbeit, der Beschäftigung, der Ungleichheit, letztlich der Zerstörung des menschlichen Lebens und der natürlichen wie sozialen Lebensgrundlagen unterwirft. Wir werden den normativen Kern der Moderne freilegen und verdeutlichen – und davon große Teile der ihn scheinbar notwendig umgebenden Peripherie abtrennen müssen. Dies wird unsere zukünftige Aufgabe sein. Sie ist natürlich weniger spektakulär, im Sinne eines geschichtlichen Projekts, als die vorherigen. Diese Aufgabe ist kein großer Aufbruch ins Ungewisse, keine heroische Eroberung. Aber es handelt sich doch um einen Auftrag mit ungewissem Ausgang. Und es dämmert uns, dass er nur dann erfüllt werden kann, wenn es zu einem (eigentlich unmöglichen) kulturellen wie politischen Bündnis von Progressiven und Konservativen kommt: ein Bündnis zwischen denen, die die Errungenschaften der Moderne verteidigen, sie als Befreiungsprogramm realisieren möchten – und denjenigen, denen es nur um die Bewahrung des Lebens wie es ist, der kulturellen Lebenswelt und ihrer Qualitäten ging. Letzteren ging es immer schon um die phänomenologische Dimension: um die, politisch erst einmal unspezifische, Wahrung derjenigen Qualitäten, die das menschliche Zusammenleben ausmachen, gegen ihre drohende Entwertung, Entfremdung und Zerstörung.

4. PARADOXIEN DES LASSENS

Es gibt eine seltsame, zugleich vertraute und verstörende Paradoxie in den zeitgenössischen Lehren des Lassens: wir werden angehalten zu einer Form des Lassens und der Gelassenheit, der Offenheit – verwenden dabei aber in Wirklichkeit einen großen Teil der Aufmerksamkeit und des Tuns darauf *Vorbereitungen* zu treffen, Vorrichtungen für den Eintritt des erwarteten Lebensgefühls oder Ereignisses. Wir lassen unser Denken um das nicht Planbare und nicht Veranstaltete kreisen – und veranstalten doch ziemlich planvoll alles Mögliche, um es (richtig) eintreten zu lassen.

5. ÜBER DAS UNBEABSICHTIGTE

Es ist für das Wesen, die Eigenart und die Qualität menschlicher Handlungen bedeutsam, ob sie um ihrer selbst willen oder um irgendeines äußeren oder späteren Nutzens willen verrichtet werden. Das gilt für familiäre und soziale Fürsorgearbeit wie Erziehung, für die Religion und die Kunst, die Wissenschaft und die Philosophie. Das Wichtige und Wertvolle liegt im Vollzug selbst. Die produktiven sozialen, ökonomischen, kulturellen und geistigen Folgen geschehen unbeabsichtigt.

6. EINE NEUE EPOCHE – LINKE IDEENPOLITIK

Viele Bezeichnungen hat es zur Bestimmung der Eigenart unseres Zeitalters gegeben, das irgendwann zwischen 1970 und 1980 begann oder zumindest erahnt werden konnte: Posthistoire, Ende der Geschichte, Postmoderne, Zweite Moderne usw. Irgendetwas an der Moderne, irgendeine Form oder ein wesentlicher Gehalt, ging zu Ende oder verlor an Bedeutung. Irgendeine »Kulturbedeutung«, wie Max Weber es nennt, scheint an Überzeugungskraft zu verlieren; irgendein Projekt zu verblassen. Dabei geht es nicht um ein Aufhören oder Verschwinden, sondern eher um ein langsames Nachlassen der Kraft eines kulturellen Glaubens, eines Wertesystems. Von heute aus betrachtet könnte man die Sache so beschreiben: Ein bestimmter Modus der Sprache, der gesellschaftlichen Selbstbeschreibung, verliert an Überzeugungs- und Gestaltungskraft. Nennen wir diesen Modus der Einfachheit halber links oder fortschrittlich. Seit Jahrzehnten scheint diese Einstellung in der Krise – vielleicht ziemlich genau seit dem Moment, da sie dabei war, die kulturelle Hegemonie zu übernehmen: als sie begann, zum vorherrschenden Bewusstseinsmodus im Raum der Hochkultur, aber auch des Politischen zu werden; die dominierende, gleichsam normale (Erwartungs-)Haltung in der kulturellen und politischen Öffentlichkeit; die Haltung der maßgeblichen Eliten und des gebildeten

Publikums gleichermaßen. Diese Dominanz, diese angenommene linke Hegemonie, war immer nur Schein. Aber er reichte aus, um eine rabiate erst neokonservative, dann neoliberale und schließlich rechtsradikale Reaktion auf den Plan zu rufen.

Wir haben eine große Routine, eine gewisse Meisterschaft in Sachen »kritisches Bewusstsein«, in Sachen »Infragestellung« der bestehenden Gesellschaft und ihrer Lebensformen entwickelt. Aber immer mehr zeigt sich, dass das nicht ausreicht, dass es uns nicht wirklich weiterhilft. Wir ahnen, dass es zu fest etablierten Ritualen der Infragestellung der Gesellschaft und unserer selbst gekommen ist: souverän gehandhabte Übungen in kritischem Bewusstsein. Und wir ahnen, dass dieser theoretische Bewusstseinsmodus, die Gesellschaft und unser Leben, die herrschenden Überzeugungen und Gewohnheiten nicht verändern wird. Das kritische Bewusstsein ist fest etabliert. Aber der immer nur vorausgesetzte Nexus von Kritik und emanzipatorischer Änderung beginnt sich immer mehr aufzulösen. Den konservativen Gegnern fällt es immer leichter, die Folgenlosigkeit und das zum Teil Heuchlerische daran zu denunzieren. Der Habitus, die Lebensformen und Gewohnheiten der bürgerlichen Gesellschaft sind durch die fortgeschrittenen Formen des Bewusstseins ab einem gewissen Schwellenwert, der bald erreicht war, nur noch unwesentlich verändert worden. Es ist absehbar, dass diese kulturelle Konstellation auf Dauer unfruchtbar ist. Das bedeutet, es geht in Wirklichkeit darum, über den bloß theoretischen Bewusstseinsmodus hinaus wirklich neue Gewohnheiten und Lebensformen zu schaffen – anstatt weiterhin in den routinierten Praktiken der Kritik, Subversion und Provokation der herrschenden Gesellschaftsform zu verharren.

Natürlich wäre es falsch, die Bedeutung des Distinktionsgewinns eigener Positionen (gegenüber den ideologischen Gegnern auf der anderen Seite wie gegenüber den eigenen Freunden und falschen Freunden, den »Sozialdemokraten«, den »Altachtundsechzigern«, oder den extremistischen beziehungsweise apokalyptischen, oder den libertären Linken) zu verkennen. Es geht aber auch um den realen (persönlichen, ästhetischen, politischen, kulturellen) »Gebrauchswert des Denkens«: Mittel und Ausdruck einer bestimmten Lebenspraxis, Verkörperung einer konkreten Lebensweise, die nicht nur sich vom (tatsächlichen oder vermeintlichen) Mainstream unterscheiden möchte, sondern eben auch als wirkliches »Modell« fungiert. Die Zersplitterung der kulturellen und politischen Linken bisher war ein Zeichen der fragwürdigen Einordnung oder Unterordnung des Gedankens unter die herrschende Kultur und ihre administrativen und medialen Bedürfnisse der Unterscheidung, Auseinandersetzung und Einordnung. Indem sie dagegen Widerstand leistet, eröffnet linke Ideenpolitik eine neue Epoche.

7. ÜBER DIE RECHTFERTIGUNG UND DIE RECHTFERTIGUNGSVERHÄLTNISSE

Die kulturellen und politischen Machtverhältnisse haben sich umgekehrt. Dadurch hat »kritisches« Denken eine ganz andere gesellschaftliche Funktion erhalten. Musste sich früher die Gesellschaft, ihre Institutionen und sozialen Felder, vor sehr selbstbewussten und sich weitgehend autonom organisierenden Intellektuellen rechtfertigen, vor deren Ansprüchen und Wünschen sich legitimieren (und machte dabei oft eine ziemlich schlechte Figur), so scheint es heute eher umgekehrt: Wir, die einzelnen Subjekte, stehen mit unserem Leben und unserem Denken, unseren kulturellen Praktiken und Werken unter Rechtfertigungszwang (und geben jetzt unsererseits eine eher klägliche Figur ab). Die gewandelten Kräfte- und Rechtfertigungsverhältnisse insgesamt sind vielleicht das eigentliche Ereignis in der Geschichte der letzten Jahrzehnte. Das gilt für die Wirtschaft und ihre Arbeitsverhältnisse (die Verhandlungsposition der Einzelnen) wie für den Staat und seine (partei-)politischen Verhältnisse sowie für die Kultur und ihre Produktions-, Vermittlungs- und Rezeptionsverhältnisse. Überall ist es das Gleiche: Wir haben einen Kampf verloren und sehen uns jetzt dazu gedrängt, von einer schwachen Position aus, uns selbst und unsere Arbeit den bestehenden Systemen und ihren Repräsentanten anzudienen. Der herrschende

Konservatismus ist vor allem einer der Struktur: der unverschämten Herrschaft der jeweiligen Eliten und Hierarchien.

Die Testfrage in diesen Dingen kann immer lauten: Glaubst du wirklich, dass die Welt, in der wir leben, tatsächlich (nicht nur theoretisch) eine andere werden könnte – und zwar nicht einfach durch Evolution und Zufall (die letztlich chaotische oder anarchische Hyperkomplexität), sondern aufgrund unseres eigenen menschlichen Willens und Wirkens?

8. DAS SCHARFE UND DAS MILDE

Die Tugend des kritischen Geistes erfordert scharfes Bewusstsein und scharfe Analyse; eine klare, deutliche und harte Sprache. Zum anderen aber brauchen wir die Gabe der Milde: eine Fähigkeit zur Besänftigung der eigenen Affekte und Urteile. Das hat viel, aber nicht nur mit der Fähigkeit zur Selbstreflexion und Selbstkritik zu tun. Das hat auch der unversöhnliche Adorno so gesehen. Die Fähigkeit der Milde, der Temperierung der eigenen Einsichten und Leidenschaften, ist von großer Bedeutung. Der denkende Mensch lebt nicht allein von und auch nicht nur für die eigenen Einsichten und theoretischen Standpunkte. Er hat auch auf die konkrete Form und Qualität des eigenen »Lebens«, des eigenen Sprechens und Schreibens als einer konkreten Praxis und Lebensform zu achten. Die Wahrheit liegt immer im Gebrauch: in der konkreten Übung und Ausübung der eigenen Wahrheiten und Einsichten. Es ist immer noch das *eigene* Leben, das hier gelebt wird. Es muss auch hier ein richtiges Leben im falschen geben.

9. (KEIN) RICHTIGES LEBEN IM FALSCHEN I

Adorno hatte, analytisch zutreffend, überall die auf die Einzelnen wirkenden, konformierenden Kräfte der Gesellschaft gesehen: den allgemeinen Verblendungszusammenhang, die umfassenden Abhängigkeitsverhältnisse aller voneinander und vom Ganzen (welches sich eben dadurch – und nicht einfach durch irgendein abstraktes systemisches »Funktionieren« selbst erhält), die unendliche Schwäche der Einzelnen. Adorno hat überall Herrschaft und Korruption konstatiert. Mittlerweile ist uns das Bewusstsein der eigenen Schwäche und der eigenen Abhängigkeit von anderen, vom Ganzen oder vom Anderen, fast schon zur zweiten Natur geworden. Dieses Bewusstsein hat sich auf diese Weise fast schon in die klassische konservative Lehre vom eben nicht autonomen, sondern schwachen, fehlbaren und entlastungsbedürftigen Menschen verwandelt. Der kritische Common Sense hat sich in eine teils zynische, teils heuchlerische und selbstgerechte Ausrede für konformistische (Über-)Lebensstrategien etablierter kultureller und politischer Eliten verwandelt – in die neue Metaerzählung von den undurchdringlichen Zwängen, den unauflösbaren Paradoxien, denen sich alle gesellschaftlichen

Akteure ausgesetzt sehen. Hier sieht man eben (und dafür haben die Konservativen, die zum Beispiel über den »Konformismus des Andersseins« spotten, ein untrügliches Gespür) die große Macht des Ethischen: Die Einzelnen müssen, jeder für sich, irgendeinen Sinn generieren, irgendeine Rechtfertigung für ihre Handlungen und ihren Platz in der Gesellschaft. Sie müssen subjektiv das Gefühl haben und objektiv das Gefühl vermitteln, dass sie (im Rahmen der bestehenden Möglichkeiten und Kräfteverhältnisse) ein richtiges Leben führen. Dies zeigt den faktischen Primat des Ethischen an: das je persönliche Bedürfnis, sich zu rechtfertigen. Dieser faktische Primat des Ethischen ist ebenso wahr, wie es der normative Primat des Politischen ist, auf dem Adorno insistiert: auf dem Vorrang der materiellen Änderung der gesellschaftlichen Verhältnisse, als der allgemeinen Vorbedingung für ein mögliches richtiges Leben des Einzelnen.

10. DER RENEGAT

In der jüngeren Geistesgeschichte gibt es eine Figur, die beispielhaft für die Schwächung des linken Denkens stehen kann: den Renegaten. Er hat eine linke, oft linksradikale Vergangenheit. Seine Bekehrung zu einem liberalkonservativen, manchmal reaktionären Geist versteht er als Befreiung von (nicht zuletzt eigenen) »Jugendsünden«. Das Bösartige am Renegaten ist die Verwechslung der eigenen Lebens- und Denkgeschichte mit der Geschichte der Gesellschaft und ihren Lernprozessen insgesamt. Der Renegat hält sich für eine repräsentative Figur: Er glaubt, in sich die Irrtümer der Welt überwunden zu haben. Er glaubt, stellvertretend für alle nun endlich die Welt und ihre Gesetze verstanden zu haben – nachdem er die jugendliche Auflehnung gegen das bürgerliche Realitätsprinzip als illusionär erkannt und überwunden hat. Darin liegt eine ungeheure Anmaßung. Während er, immer noch gerührt von seiner einstigen eigenen Naivität, auf seine jugendliche Anmaßung starrt, verkennt und verdrängt er seine jetzige Anmaßung, die unvergleichlich viel größer ist. Es gibt nichts intellektuell Bösartigeres und Primitiveres als die Ankunft des Renegaten in der »Realität« und seine fortdauernde Feier des Realitätsprinzips als der höchsten und einzigen Instanz des menschlichen Daseins, Denkens und Handelns. Der Renegat, der dem linksliberalen Mainstream und den sogenannten Gutmenschen gegenüber immer eine gute Figur macht – er ist die letzte Stufe vor der offenen Verachtung des Denkens überhaupt. Seine Präsenz in der Öffentlichkeit rührt auch daher, dass es klassische, gediegene Konservative im intellektuellen Feld kaum noch gibt. Der ehemalige Linke, der der eigenen Vergangenheit abschwört, ist der Prototyp des zeitgenössischen Konservatismus: Überläufer zu den stärkeren Bataillonen. Den Renegaten bekämpfen heißt die eigene Schwäche, die eigene geheime Sehnsucht nach dem Überlaufen bekämpfen. Es heißt den Unglauben an die eigene intellektuelle Macht bekämpfen.

11. EINE NEUE GROSSE ERZÄHLUNG

Unsere gleichermaßen politische wie intellektuelle Schwäche überwinden wir nur durch ein neues gemeinsames Fortschrittsprojekt, welches den verschiedenen intellektuellen Beiträgen und politischen Kämpfen eine gemeinsame Richtung gibt. Nur dann wären wir in der Lage, die Einsichten zu verbinden und die Kräfte zu bündeln, anstatt uns wie bisher gegenseitig zu neutralisieren und gegeneinander ausspielen zu lassen.

Das Ende der Großen Erzählungen auszurufen, wie Jean-François Lyotard es 1979 epochemachend tat, war ein ideenpolitischer Fehler ersten Ranges. Nicht die Form der Großen Erzählung als solche war falsch, sondern ihre konkrete Gestalt, ihre mangelnde Klarheit, Evidenz und politische Überzeugungskraft. Lyotard markiert den Eintritt in den intellektuellen Defätismus der Linken: in den Unglauben an die eigene Kraft und den eigenen Willen, die Welt nicht nur neu zu interpretieren, sondern auch zu verändern gemäß dem eigenen Willen und den eigenen Überzeugungen. Endlos unfruchtbare Selbstkritik des progressiven Lagers sowie ebenso zahllose wie zahnlose, kleinteilige Dekonstruktionen und Subversionen waren die Folge.

12. WORUM ES GEHT

Nicht nur die Kunst zerrte im 20. Jahrhundert, wie Adorno sagte, an ihrem Begriff wie an einer Kette. Dasselbe galt auch für Philosophie und Politik. In den radikalsten Formen ging es immer darum, den Begriff des jeweiligen Feldes radikal neu zu bestimmen, bis an seine Grenze zu führen: zu klären, worum es eigentlich geht, was überhaupt Philosophie ist, Politik, Kunst. Das hat zu bemerkenswerten Gestalten in der revolutionären Politik geführt, im philosophischen Denken, in Musik, Theater, bildender Kunst und Literatur. Irgendwann hat es aufgehört, und seitdem ist nicht mehr so richtig klar, worum es eigentlich geht. Es geht irgendwie einfach weiter, aber die Spannung ist weg. Die emphatische Frage, warum eigentlich, wozu, wird kaum noch gestellt. Den gegenwärtigen Repräsentanten der kulturellen Systeme gilt das als veraltet, unprofessionell. Ein Name für diese Situation nach der großen Moderne ist »Posthistoire«; eine Art Erschöpfungszustand, eine »kulturelle Kristallisation«, wie Arnold Gehlen es nannte, wo alles weitergeht, aber wie mit verminderter innerer Nötigung, ohne eine klare »Aufgabe« oder Frage. Als ob dieser Auftrag nur noch im Kanon stünde, ohne Handlungsaufforderung. Hatte Benjamin noch postuliert »Keinen Moment ohne historischen Auftrag leben«, so scheint den heutigen Zeitgenossen irgendein Projekt schon zu genügen. Ein Projekt ist Boris Groys zufolge eine gesellschaftliche Sanktion für die eigene intellektuelle Arbeit, und gilt vielen schon als ausreichend. Reicht es aber aus, lediglich eine gesellschaftliche Rechtfertigung der eigenen Existenz zu suchen? Es käme heute darauf an, sich klar zu machen, dass Theorien wie diejenige von Groys Teil der Ideenpolitik des Konservatismus sind.

13. LEBENSFORM DES INTELLEKTUELLEN

Intellektuelle Arbeit ist zunächst eine Lebensform, eine konkrete Existenzweise in Distanz zur bestehenden Gesellschaft und ihren Normalitäten. Diese Lebensform in geistiger Unabhängigkeit (soweit das überhaupt zu denken ist) und in Selbstverantwortung des freien Gedankens ist zu verteidigen, als Allererstes. Denn sie enthält in sich alles Weitere. Wie ist mit dieser radikalen und prinzipiellen Freiheit umzugehen? Die Konstruktion einer je eigenen Aufgabe, eines besonderen Stils kommt danach. Es ist die Wahl zwischen verschiedenen Temperamenten und Leidenschaften, Affekten und Vorlieben, Interessen und Abneigungen, Ideen und Überzeugungen. Die konkreten Differenzen liegen immer in den unterschiedlichen Auffassungen von der Eigenart und der »Aufgabe« des eigenen kulturellen Feldes und seiner »Spiele«, wie Bourdieu das nennt. Wozu machen wir das (so und nicht anders), welcher Sache, welchem Sinn, welchen und wessen Interessen dienen wir damit? Beziehungsweise, welcher Sache, welchen Interessen *glauben* wir zu dienen mit unserem Tun und unserer Arbeit? Die kulturelle Form, der diskursive Typ »Infragestellung« repräsentiert die routinierteste, am besten eingeübte, von den Professionellen verkörperte Form. Dienten die hochmodernen Artistiken der Selbstreflexion des Denkens, der Disziplinen, des Subjekts noch einer radikalen Befragung und Überschreitung dieser hochkulturellen Konventionen, so werden sie heute, so scheint es, einfach nur noch gepflegt und weitergegeben. Es ist die Stunde des Historismus und des archivarischen Stils.

Die meisten finden sich mit der Folgenlosigkeit intellektueller Praxis irgendwie ab. Wie Bourdieu sagt, es gibt viele Intellektuelle, die die Welt infrage stellen, aber wenige, die die intellektuelle Welt selbst infrage stellen. Bourdieu ist vielleicht der Einzige in jüngerer Zeit, der auf radikale Weise die bürgerliche kritische Intelligenz von innen infrage gestellt hat, ohne das Kind mit dem Bade auszuschütten. Mit ihm lässt sich erahnen, dass seine großen Vorgänger, wie Adorno, Wittgenstein oder Heidegger, letztlich doch alle hoffnungslose Idealisten waren und an eine einfache »geistige Umkehr« glaubten. Sie verkannten, trotz zum Teil andersartiger theoretischer Einsichten insbesondere bei Adorno, den zentralen Punkt, an dem die eigenen Dispositionen, Verhaltensweisen und Gewohnheiten an konkrete soziale Bedingungen und letztlich Herrschaftsverhältnisse geknüpft sind. Der Materialismus des Neomarxisten Adorno reicht nicht aus. Man muss den zutiefst körperlichen Materialismus des Habitus hinzudenken: die Verkörperung, die Einverleibung sozialer Dispositionen in den Einzelnen; die Verinnerlichung der »äußeren« Herrschaftsverhältnisse der Gesellschaft, an der jede bloße Bewusstseinsänderung abprallt.

14. EINZELNE UND GANZES (BOURDIEU)

Die Magie der bestehenden Ordnung liegt im Zusammenfallen von individueller Ethik, psychischen Strukturen der Selbsterhaltung und Identifizierung hier, von kollektiver, gesellschaftlicher Politik dort – dies ist die Stabilität der großen institutionellen Strukturen und Machtverhältnisse. Wir hängen nicht nur vom Ganzen ab, sondern es durchdringt uns vollständig, funktionalisiert uns für seine Reproduktion. Diese enge Verbindung zwischen Mensch und sozialem System ist das größte Hindernis für fortschrittliche Änderungen – von einzelnen Menschen, Gruppen und Institutionen gleichermaßen. Das ist eines der stärksten Argumente für die Annahme, dass einzig eine grundlegende Änderung der *Bedingungen*, unter denen soziale Dispositionen der Handelnden produziert und verstärkt werden, als fortschrittlich gelten können. Dabei geht es immer um diejenigen Punkte, an denen materielle und institutionelle Praktiken mit bestimmten Prägungen, Normalisierungen der Einzelnen zusammenhängen, oder zusammenfallen. Mit anderen Worten, im Mittelpunkt emanzipatorischer Änderungen steht immer eine »symbolische Revolution«: eine kulturell, materiell, rechtlich andere Definition der Realität und des Normalen. Die Erwartungen an die Einzelnen werden neu formuliert; ein anderer Standard des Normalen und Üblichen fixiert und verbindlich gemacht – anstatt von den Einzelnen eine geistig-kulturelle Umkehr und heroische Akte, Ausnahmegesten und Ausnahmepraktiken zu erwarten.

15. GEWINNE UND VERLUSTE

Vielleicht befinden wir uns heute ja deswegen in einer so ratlosen Lage, weil wir insgeheim alle ganz gut wissen, was zu tun (und vor allem: was zu lassen) wäre, um aus der weltweiten sozialen, finanziellen, politischen, ökologischen und kulturellen Krise des Kapitalismus herauszukommen. Wir wissen, dass es gar nicht so schwierig wäre, einige Elemente einer sozial-ökologisch-ökonomischen Reform des Systems zu benennen. Dass aber die notwendigen Umverteilungen es mit sich brächten, dass die Verluste materieller und symbolischer Art für sehr viele bei Weitem größer wären als die Gewinne. Wir ahnen, dass zumindest für denjenigen Menschentypus, der den kapitalistischen globalen Norden dominiert, ein einigermaßen ernsthafter Wandel unserer Gesellschaft in fortschrittlicher Richtung eine schwer erträgliche Einschränkung seiner gewohnten Sicherheiten, Orientierungen und Privilegien mit sich brächte.

Eine andere gesellschaftliche Ordnung wäre nur für einen ganz anderen Menschen ein Gewinn. Sie wäre ein Gewinn nur für einen ungleich genügsameren Menschentyp. Das ist der zentrale Punkt. Wie bei Nietzsches Lehre von der »Ewigen Wiederkehr« müssten wir uns fragen: Wollen wir das wirklich? Wollen wir wirklich in einer Welt leben mit mehr Gleichheit und weniger Lohnarbeit, mit weniger Reputationsgewinnen und Positionsvorteilen für einige wenige (die sich besonders anstrengen, auf besonders viel verzichten, besonders viel Glück hatten oder besonders schlau sind)? Dass war auch schon Adornos Verdacht: dass für den »beschädigten« Bewohner der jetzigen Welt eine veränderte Welt *vielleicht* unerträglich wäre.

16. GEISTIGE ARBEIT UND LEBENSWEISE

Ihrem Ideal nach soll geistige Arbeit eine Existenzweise, eine Lebensform in Abstand zum Bestehenden sein. Die existierenden Einteilungen und Hierarchien, das Normale und das Unnormale, das Mögliche und das Unmögliche, das Sagbare und das Unsagbare – sie sollen einem prinzipiellen geistigen Angriff, einer prinzipiellen Infragestellung ausgesetzt sein. Dabei geht es nicht nur um die (mögliche) Änderung der Gesellschaft und ihrer Verhältnisse, sondern auch um die Rolle des Denkens und der kulturellen Arbeit in ihr. Der

Schwachpunkt geistiger Arbeit ist nun aber gerade ihre eigene Organisation, ihre materielle und symbolische Struktur, wie Adorno und Bourdieu gezeigt haben. Die materiellen Existenzbedingungen (wozu eben auch die symbolischen Autorisierungs-, Ernennungs- und Konsekrationsbedingungen und ihre Effekte gehören) sind das eigentlich Fragwürdige. Sie sind die Schranken, vor der das Denken seit Langem verharrt wie in Erwartung eines Gerichtsurteils. Die ungeheuerliche Schwäche aller Einzelnen, ihre Abhängigkeit von der Macht des Feldes, in dem sie arbeiten, ist der Makel ihrer Arbeit – den sie immer wieder aufs Neue, jeden Tag wieder vor sich selbst und vor den anderen verbergen. Es charakterisiert alle kulturelle Praktiken: dass es mit der Freiheit, auf die sich die Akteure so viel zugutehalten, nicht so arg weit her ist.

17. KOMMENDE GEMEINSCHAFT – ISOLIERTE INDIVIDUEN – MESSIANISMUS

Jean-Luc Nancy und Giorgio Agamben: Denker, die als einzelne, isolierte Individuen in ihren Wohnungen sitzen, schreiben, denken und lesen, mit ihren bürgerlichen Kleinfamilien – und über die Gemeinschaft, das Mitsein, den freien Austausch spekulieren. Liegt darin nicht wie für uns alle ein Widerspruch (zwischen den höchst bürgerlichen Formen der Existenz und des Arbeitens hier, den fortgeschrittenen, utopischen Gehalten des Denkens dort)? Adorno hatte noch einen Begriff von diesem Widerspruch und erkannte darin (wie auf andere Weise Bourdieu) ein zentrales Problem der bürgerlichen Intelligenz; eine Art wesenhaften Selbstwiderspruch. Das Messianische an seinem Denken ist eben diese ganz besondere, überall auftauchende Figur der Selbstaufhebung des bürgerlichen Intellektuellen. Es ist die emphatische Idee eines dem wirklichen Denken wesentlichen Drangs zur Versöhnung: zur Überwindung der Individuation und bloß subjektiver Selbstbehauptung. In der bestehenden Welt gibt es kaum Indizien dafür, dass so etwas auf Dauer möglich wäre. Das Messianische von Adornos Idee der Emanzipation ist eben die Vorstellung, dass es nicht nur eine Ausnahme bleiben darf, ein seltenes Ereignis, ein unwahrscheinlicher Bruch in der Seinsordnung. Solchen spekulativen Ideen entsprechen zum einen bestimmte ethische Haltungen; zum anderen andere Organisationsformen intellektueller Arbeit – zum Beispiel andere Formen der Existenzsicherung jenseits des bürgerlichen Prinzips der Vollzeitarbeit in Lohnarbeit und des Privatbesitzes von »Stellen«.

18. VEREINFACHUNG

Foucault hatte es schon einmal bemerkt: Es geht darum, einfache Dinge im eigenen Namen zu sagen. Damit ist eine zentrale Forderung unserer Zeit beschrieben. Es gilt, den Nebel der Gewohnheiten und Zwänge, der unzähligen Unübersichtlichkeiten zu lichten, um ganz einfache Fragen zu stellen und ganz einfache Dinge zu sagen. Wollen wir so leben, so weiterleben? Könnten wir es überhaupt ändern, wenn wir wollten? Was (oder wer) hindert uns an einer Änderung? Wünschen wir vielleicht gar keine Änderung, sind wir insgeheim zufrieden? Glauben wir wirklich, dass wir nichts Substanzielles an der Gesellschaft und unseren Lebensformen ändern können – dass wir unentrinnbar von Zwängen umstellt, mit Verblendung geschlagen, von Ohnmacht gelähmt sind? Woher kommt das, und soll es so bleiben? Je länger man sich solche Fragen stellt, desto mehr drängt sich der Verdacht auf, dass viele insgeheim auf den Zusammenbruch warten. Insgeheim leben wir, auch gefühlsmäßig und gedanklich, im Zeitalter der Apokalypse. Bösartig gesprochen, es gibt jetzt perverse Bündnisse zwischen radikalen evangelikalen Christen, die den Tag des Herrn erwarten, und radikalen messianischen Linken, die im Geist von Agamben und Benjamin auf den »kommenden Aufstand« und den »wirklichen Ausnahmezustand« spekulieren.

Demgegenüber ginge es um die Einübung einer anderen Geisteshaltung, einer neuen Einfachheit des Gedankens und Handelns, der Praktiken und der Institutionen. Die vorgeschobene allgegenwärtige Hyperkomplexität, die umfassenden Zwänge und Abhängigkeiten maskieren das Böse. Nur wenn die Dinge wieder auf irgendwelche einsehbaren Relationen zwischen dem Zustand der Welt und dem eigenen Handeln zurückgeführt werden, ist so etwas wie Freiheit und Verantwortung wieder möglich. Vor allem wird erst dann der Bann sich lösen, der über der Intelligenz liegt: der Bann, der das Wissen zur Ohnmacht verdammt, zu unfruchtbarer Klugheit und halb zynischem, halb heuchlerischem Bescheidwissen.

V

1. ELITENDÄMMERUNG, EXPERTOKRATIE UND POPULISMUS

Man hatte immer versucht, dem Volk die Entdemokratisierung von Staat und Gesellschaft, den Übergang zu postdemokratischen, oligarchischen und expertokratischen Formen des Regierens schmackhaft zu machen mit dem Argument: Die Welt und die gesellschaftlichen Probleme sind so komplex, die verschiedenen Abhängigkeiten so allumfassend – davon versteht ihr nichts. Lasst uns nur machen, wir können das. Jetzt merken wir langsam: Sie haben versagt und haben fast alles falsch gemacht – falsch vielleicht nicht für sich selbst im Sinne ihrer eigenen Macht, wohl aber im Sinne gesellschaftlicher Problemlösung.

Jetzt sollte man eigentlich meinen, wir lernen daraus und fordern wieder mehr demokratische Mitsprache. Man sollte glauben, wir erkennen jetzt den politischen Systemfehler und überlegen gemeinsam, wie wir die Gesellschaft überschaubarer und besser kontrollierbar machen können. Doch das Gegenteil geschieht: noch mehr Expertokratie, noch mehr Krisenregierung, noch mehr Kompetenzübertragungen auf kaum kontrollierte Behörden und Körperschaften, noch mehr parakonstitutionelles Regieren. In letzter Instanz wird der allgemeine Übergang zur Krisen- und Notstandspolitik mit einer infamen Erpressung legitimiert. Eine Drohung schwebt über uns allen: Wenn wir uns jetzt nicht den Expert*innen anvertrauen, dann bricht alles zusammen.

Die Paradoxie liegt also darin, dass wir wider besserem Wissen eingeschworen werden auf ein völlig unbegründetes, immer irrationaleres Vertrauen in die Regierenden (mitsamt allen populistischen Affekten gegen die Eliten). Das Perfide an der allgemeinen Politik der Entdemokratisierung in Wirtschaft und Staat ist die Behauptung der Unmündigkeit. Wir müssen uns nicht verantwortlich fühlen für das, was geschieht. Wir sind nicht die Subjekte der Handlungen, die in unserem Namen, »demokratische legitimiert«, getroffen werden. Wir treiben sozialen und ökologischen Verwüstungen zu und können uns weiterhin einreden: Wir werden es nicht gewesen sein. Wider besseres Wissen können wir uns einbilden, es seien nicht unsere Handlungen und unsere Entscheidungen, die die Zukunft zerstören. Es ist aber in Wirklichkeit nicht nur unsere formale Verantwortung, die wir auf diese Weise verleugnen: die rechtliche Zuschreibung politischer Entscheidungen zum Beispiel auf ein Staatsvolk. Es ist auch unsere materielle und moralische Verantwortung, die wir so verleugnen: eine Verantwortung, vor der wir uns noch drücken, die wir noch nicht übernehmen möchten. Vielleicht könnte sich das demnächst ändern.

2. GEWÖHNUNG UND ERZIEHUNG

Die Menschen werden am Ende so, wie man sie behandelt. Wenn man sie vor allem als Konsumenten behandelt und adressiert, werden sie vor allem Konsumenten sein und sich als solche verstehen. Spricht man sie als Arbeitnehmer an, werden sie bald lernen, sich vor allem durch die Lohnarbeit zu definieren – durch ihren Ort im sozialen und professionellen Statusgefüge. Ruft man die Leute als Deutsche an, werden sie irgendwann vor allem als Deutsche fühlen, national. Vielleicht liegt das Geheimnis des gegenwärtigen Herrschaftssystems ja darin, diese drei Rollen zu betonen und zu einer Einheit zu verschmelzen.

In jedem Fall ist die immense Bedeutung aller sozialen Diskurse, Professionen und Institutionen als Sozialisationsagenturen und Erziehungsanstalten zu betonen: als Orte, wo Menschen gebildet und gemacht werden im buchstäblichen Sinne, in einer alltäglichen, immerwährenden Arbeit. Immer wird, je nach dem Geist der Zeit, ein ganz bestimmter Menschentypus produziert und reproduziert.

3. DER ALLTAG – DAS GEWÖHNLICHE

Das Alltägliche ist das Bedeutungslose, Niederträchtige und Entfremdete zum einen, das profane Reich der Notwendigkeit. Zum anderen ist es aber auch der Ort des eigentlichen Lebens: das Gewöhnliche, Normale und Vertraute im Sinne des eigenen Lebens, das je meines ist und das in einer Art universalem Kommunismus im Prinzip für jeden ähnlich ist und jedem seinen Ort zugesteht. Es ist die Weise zu sein, die von den Einzelnen nicht verlangt, etwas Besonderes und Außergewöhnliches zu sein, um als je Besonderer, Einzelner im emphatischen Sinne zu existieren.

Vielleicht wird das der Engpass der Zukunft sein: geringere Anerkennungsmöglichkeiten der Einzelnen für spezielle berufliche Leistungen. Das Gewöhnliche wird für viele vielleicht erst einmal schwer auszuhalten sein, weil es nicht mehr so viel Innovation und Dynamik in der Gesellschaft geben wird. Diejenigen, die jetzt sich noch überall präventiv überfordern lassen, einspannen in alle möglichen Bewährungsproben und Belastungen – sie tun dies vielleicht aus Furcht vor der zukünftigen Unterforderung. Die Vereinfachung des Lebens ist für viele natürlich ein Schreckgespenst. Wer von diesen immer Leistungsbereiten (vor allem Männern) hielte es aus, einmal »zu Hause« zu sein und wirklich »Zeit für sich« zu haben? Denn dann ist man ja gleichsam nur »irgendeiner«. Die große Herausforderung des Einfachen oder Gewöhnlichen (mit dessen kommerziell und kulturindustriell warenförmig zugerichteten Formen heute ungeheuer obszöne Geschäfte gemacht werden) ist zugleich ganz alltagspraktisch und ganz spirituell: mit den Beständen leben können, das heißt sich das Neue, die Bedeutung, die Entwicklung des Lebens nicht mehr so sehr von beruflichen Fortschritten und materiellen Zugewinnen oder Neuerwerbungen zu erwarten, sondern von sich selbst und den anderen. Von sich selbst, das heißt von der eigenen Fähigkeit, dem Leben selbstständig einen Sinn zu geben, mit den gegebenen Menschen und Dingen eine reale Erfahrungsgemeinschaft einzugehen. Die entscheidende Kategorie ist hier die des guten Gebrauchs. Das ist eine zugleich ethische Frage (der gute Gebrauch der Zeit, des Selbst, und der anderen), eine ökonomische (der richtige Gebrauch der Fähigkeiten und der Dinge) und eine ästhetische (der gute Gebrauch der Worte, Geräusche, Gesten und Bilder, der selbst gestalteten ebenso wie der *objets trouvés*).

4. DER RENEGAT – DER LETZTE MENSCH

Der Renegat ist vielleicht so etwas wie der »letzte Mensch« Nietzsches. Er glaubt vielleicht nicht so sehr wie dieser, »das Glück gefunden« zu haben (mitunter durchaus aber auch das), als das Wissen – der Renegat glaubt Einsicht in die Gesetze der Welt und die Natur der Dinge, in den Lauf der Zeit und das Wesen des Menschen zu haben. Den großen Hoffnungen und Utopien, den »romantischen« Träumen und Visionen hat er abgeschworen. Und er glaubt, dass es sich hier nicht nur um seine eigene Jugendzeit handelt, sondern um die Zeit der Welt schlechthin. Die eigene, durch konkrete biografische Wege vielleicht plausible geistige Entwicklung wird so, ganz unhistorisch, mit dem Weltlauf selbst unmittelbar kurzgeschlossen. Der eigene Entschluss, sich nicht mehr den »großen Fragen« zu widmen und fortan kleinere Brötchen zu backen, erscheint dann als Unmöglichkeit, noch »große Fragen« zu stellen und zu beantworten. Alles, was die Eigenart, die Würde, den Stolz und die Wahrheitsemphase abendländischer und moderner Geistesarbeit ausmachte (die Bearbeitung der großen Fragen nach dem Menschen, der Gerechtigkeit, der Wahrheit, der Zeit, dem Glück, dem Sinn, der Erlösung und der Geschichte) – all dies soll nun, seit dem Eintritt in eine hyperkomplexe und vermeintlich unbeherrschbare Ordnung der späten Moderne, nicht mehr Gegenstand des Denkens sein. Nur noch historische Rekonstruktionen des Wegs, der bis hierher geführt hat; keine Fragen mehr nach dem Wert, der Wahrheit und der Zukunft. All das ist nicht nur kleinmütig und defätistisch gedacht, sondern auch unhistorisch. Warum sollte ein Wandel der Welt und des Menschen, eine radikale Änderung der kulturellen Wertordnungen und Lebensformen nicht mehr möglich sein? Das kommt der Annahme gleich (Alexandre Kojève hat sie im Geiste Hegels ausbuchstabiert), dass die Geschichte im eigentlichen Sinne zu Ende sei, und keine wirkliche Änderung mehr möglich.

Das ist natürlich eine völlig unsinnige Behauptung. Sie verkennt nicht nur die zahlreichen revolutionären Entwicklungen außerhalb Europas. Sie suggeriert zu Unrecht, dass keine Änderung des »Prinzips« der Gesellschaft und menschlicher Handlungsdispositionen mehr möglich sei. Dieser Gedanke ist natürlich möglich – aber nur wenn man hinzufügt, dass es sich hier um eine philosophisch und politisch höchst subjektive, parteiische Wertung handelt. Es ist ein Werturteil der Form, dass behauptet wird, »der Mensch« sein nunmehr, in der entwickelten Moderne westlich-kapitalistischer Prägung, sozusagen definitiv befriedigt in seinen Bedürfnissen nach Selbstbehauptung, Persönlichkeitsentfaltung und Anerkennung. Das kann man behaupten. Aber man kann, aufgrund einer anderen geistigen Wertung, ebenso gut das Gegenteil behaupten. Davon will der Renegat nichts wissen. Im intellektuellen Leben ist er tatsächlich der letzte Mensch.

5. KONSERVATISMUS – VERLÄNGERUNG DER GEGENWART IN DIE ZUKUNFT

Eine beliebte These lautet, es würde immer schwieriger, links und rechts, progressive und konservative Denkhaltungen zu unterscheiden. Das ist natürlich Unfug. Konservativ ist die Überzeugung, dass es so weitergehen kann und soll wie bisher. Dazu gehört natürlich – und das ist dasjenige, was traditionelle Konservative irritiert – auch die Zerstörung des Alten, die Entwertung und Vernichtung überlieferter Lebens- und Glaubensformen. Dadurch zeigt sich der eigentliche Kern des Konservatismus aber umso deutlicher: Die Gegenwart, ihre Standards und ihre Normalitäten werden zum Maßstab allen Denkens und Handelns gemacht. Fortsetzung des Gegenwärtigen, kurzfristige Sicherung und Steigerung des Gegenwärtigen – das ist das konservative Erfolgskriterium par excellence. Das Gegenwärtige ist das Natürliche und der Maßstab aller zukünftigen Entwicklungen. Dadurch aber wird nicht nur das vergangene und gegenwärtige Unrecht fortgesetzt, sondern auch die Zukunft zerstört – die Zukunft im Sinne einer Zeit, in der man sich frei für oder gegen bestimmte Gesellschafts- und Lebensformen wird entscheiden können.

Die bloße Verlängerung der Gegenwart in die Zukunft, die Vorherrschaft der Krisenpolitik, das heißt der bloßen Abwendung oder des Aufschubs des Zusammenbruchs – das ist die wirklich apokalyptische Politik, die den Untergang zwar immer weiter aufschiebt, ihn dadurch aber herbeiführt.

6. WAS FEHLT

Nach ein paar Jahrzehnten Unterricht in Poststrukturalismus, Dekonstruktion und Systemtheorie zeigt sich langsam, was alles dadurch verloren ging. Wir sind jetzt alle aufgeklärt über die Paradoxien des Subjekts, der Macht, der Verantwortung, der Vernunft, des Willens, des Rechts und der Gerechtigkeit. Es dämmert uns aber, was der Preis dafür ist. Die wacheren Zeitgenossen, diejenigen, die nicht nur an intellektuellen Moden und Distinktionen, an akademischen oder medialen Positionskämpfen interessiert sind, sondern wirklich am »Denken« und seinem Wahrheitsgehalt sowie seinen Gebrauchswerten – beginnen zu spüren, was fehlt. Es fehlt uns immer mehr, und immer deutlicher, an einem einenden politischen Projekt des progressiven Lagers. Es fehlt uns an einer präzisen Lokalisierung der Macht, der konkreten Herrschaftsstrukturen, die unsere Freiheit und unsere Entfaltung, die unsere gemeinsame und solidarische Aktion verhindern. Es fehlt an klaren Zuschreibungen von Verantwortung zu Subjekten. Es fehlt an klaren politischen Vorstellungen über gerechte Ordnungen und dieser Ordnung angemessene Rechte. Dieses Fehlen ist auch Resultat einer letztlich defätistischen Geistesgeschichte der letzten Jahrzehnte. Wir haben es versäumt, an einer gemeinsamen Sache zu arbeiten – an einem gemeinsamen Projekt für eine bessere Welt. Wir haben uns von den bestehenden Mächten in entsolidarisierende Kämpfe und Pseudogegensätze, in unfruchtbare Differenzierungen und Fragmentierungen hineintreiben lassen und haben fasziniert dem Schauspiel der eigenen Verwicklung und Komplizenschaft mit der Macht zugeschaut. Man hat auf Gewinne materieller und symbolischer Art spekuliert, die für die meisten ausblieben – ganz ähnlich wie bei der nationalen Standortpolitik der Verbilligung und Deregulierung der Arbeit seit den 1980ern, die im Namen eines nationalen Wohl-

einer Lebensform, das heißt die Konkrete, die besondere Form des Daseins, die ein Phänomen (Ding oder Mensch) jeweils für uns annimmt. Die Lebensform ist die Gebrauchsweise: das, was jeweils etwas oder jemand für uns ist; das, was wir jeweils für jemanden oder etwas sind; und das, was wir jeweils aus etwas oder jemandem machen. Die Weise des Lebens und des Gebrauches des Selbst, der anderen und der Dinge (und des Gebrauchtwerdens von diesen) ist das Ethos. Politisch ist eine Ethik dadurch, oder dann, wenn sie sich nicht selbst genügt — wenn sie entweder mehr sein will als nur ein persönliches Beispiel oder Modell; oder wenn sie darauf abzielt, die Bedingungen der Möglichkeit eines bestimmten Ethos, einer bestimmten Lebensweise zu schaffen beziehungsweise zu verbessern.

24.
Was fehlt
Nach ein paar Jahrzehnten Unterricht in Poststrukturalismus, Dekonstruktion und Systemtheorie zeigt sich langsam, was dadurch alles verlorenging. Wir sind alle jetzt aufgeklärt über die Paradoxien und

Ambivalenzen des Subjekts, der Macht, der Verantwortung, der Vernunft, des Willens, des Rechts und der Gerechtigkeit. Es dämmert uns aber, was der Preis dafür ist. Die wacheren Zeitgenossen, diejenigen, die nicht nur an intellektuellen Moden und Distinktionen, an akademischen oder medialen Positionskämpfen interessiert sind, sondern wirklich am Denken und seinem Wahrheitsgehalt sowie seinem Gebrauchswert — diese Zeitgenossen beginnen zu spüren, was fehlt. Es fehlt uns immer mehr, und immer deutlicher, an einer großen Erzählung, einem einenden politischen Projekt des progressiven Lagers. Es fehlt uns an einer präzisen Lokalisierung der Macht, der konkreten Herrschaftsstrukturen, die unsere Freiheit und unsere Entfaltung, die unsere gemeinsame und solidarische Aktion verhindern. Es fehlt an klaren Zuschreibungen von Verantwortung zu Subjekten. Es fehlt an klaren politischen Vorstellungen über gerechte Ordnungen und dieser Ordnung angemessene Rechte. Dieses Fehlen ist auch Resultat einer letztlich defätistischen Geistesgeschichte der letzten Jahrzehnte.

fahrtsversprechens unternommen worden war. Beide Prozesse dauern bis heute an, beide waren eine Kette von Niederlagen und Demütigungen, von Verblendungen und Irreführungen der meisten.

Es reicht nicht aus, all dies heute festzustellen. Man muss damit Schluss machen. Die eigentliche Lebenslüge, mit der Schluss gemacht werden muss, ist die immer schon vulgäre meritokratische Behauptung, es gäbe für jeden und jede einen angemessenen Platz in der Gesellschaft, wenn er nur will und sich bemüht. Diese Ideologie war an die Unterschichten, an die Frauen und an die prekären Intellektuellen gleichermaßen adressiert – an alle marginalen Teile der Bevölkerung. Wer es jetzt nicht »schafft« in der bürgerlichen Arbeitsgesellschaft, wer jetzt keinen würdevollen, keinen materiell wie symbolisch ausreichenden, das wirtschaftliche Überleben wie die soziale Anerkennung sichernden Platz erreicht, der oder die ist eben selbst schuld. Die Gesellschaft und ihre falsche Einrichtung sind dafür nicht länger verantwortlich zu machen.

So verschwindet langsam, in einer endlosen Krise, das Bewusstsein der Fortschrittspotenziale im Bereich der Technik, der Bildung, der materiellen Produktivkräfte, des Bewusstseins. Es geht darum, dieses ungeheure Scheitern aufzuarbeiten. Anstatt weiterhin die Perspektive der in den jeweiligen Feldern Herrschenden zu übernehmen; anstatt so zu tun, als ob (bis auf ein paar noch bestehende Unvollkommenheiten zum Beispiel bei der Bezahlung und rechtlichen Gleichstellung von bisher schlechter gestellten, befristet und in Niedriglohn Beschäftigten, in Schule und Hochschule) eigentlich alles in Ordnung wäre. Und es wird darum gehen, daraus wirklich Konsequenzen zu ziehen. Die Schwierigkeit liegt darin, eine soziale Form zu finden, die tatsächlich jeder und jedem einen »Platz« in der Gesellschaft zusichert. Das ist ein zugleich materielles und kulturelles Problem. Das emanzipatorisch-egalitäre Axiom würde dann lauten: keine Armen, keine Ausgeschlossenen mehr – weder in materieller noch in kultureller Hinsicht. Das bedeutet, eine revolutionäre Änderung nicht nur des »gewöhnlichen« Arbeitslebens ins Auge zu fassen, sondern auch eine des ganzen kulturellen Lebens und der Bildung. Vielleicht ist das auch einer der Gründe, warum die Intellektuellen sich in den letzten Jahrzehnten dieser Aufgabe kaum gewidmet haben: Sie spürten , dass man nicht nur die Privilegien der wirtschaftlich und politisch Mächtigen angreifen müsste, sondern auch die der kulturell Mächtigen (und sei diese Macht auch noch so gering, diese Privilegien noch so lächerlich im Vergleich mit denen der anderen). Der Habitus des professionellen Intellektuellen lebt nach wie vor, von einer mächtigen inegalitären Passion; von einer geheimen Spekulation auf soziale Positionsvorteile und Geschäfte mit kulturellem Kapital.

7. SCHICKSAL DER INTELLEKTUELLEN LINKEN

Die lebhaften Debatten innerhalb der intellektuellen Linken seit den 1970er Jahren haben zu einer fatalen Zersplitterung und Neutralisierung ihrer ohnehin geringen Macht geführt. Die Debatten über Reform und Revolution, Änderung der gesellschaftlichen Strukturen oder »des Menschen«, soziale Bewegungen oder Staat, Einheit oder Differenz usw., haben zuletzt vor allem die eigenen Kräfte geschwächt und dem Gegner in die Hände gespielt. Die neoliberale Hegemonie seit den 1980er Jahren, insbesondere seit den frühen 1990ern hat hier einfach abgeräumt und sich ganz lässig in einem Trümmerfeld platziert.

Die Vielfalt linker Diskurse diente nur noch der Ausdifferenzierung des kulturellen Feldes. Linke Ideen gerieten in den Herrschaftsbereich der verwalteten Kultur und werden vom Bestehenden vereinnahmt. Die Managementtheorien benutzen die 68er-Kritik an der Gesellschaft und ihren formalen Hierarchien, die von Luc Boltanski und Ève Chiapello so genannte »Künstlerkritik« an entfremdeter Arbeit im Kapitalismus dient der neuen Management-Lehre von Empowerment und flachen Hierarchien. Die israelische Armee benutzt, wie Eyal Weizmann zeigte, die *Tausend Plateaus* von Deleuze und Guattari für neue Strategien der Kriegsführung im Partisanen-Häuserkampf. Und feministische Kritik am Patriarchat dient irgendwann vor allem der Steigerung der weiblichen Erwerbs- und Ausbeutungsquote. Was folgt daraus? Was man sagen kann, ist, dass ein Großteil der avancierten Theorien der letzten Jahrzehnte Komplexität vergrößert und Mehrdeutigkeit erzeugt haben – bis zu einem Punkt der Reversibilität von kritischen und affirmativen, progressiven und konservativen, emanzipatorischen und repressiven, widerständigen und vermachteten Denkfiguren wie Praktiken. Die Reaktion auf diesen Bewusstseinszustand ist eine umfassende kulturell-politische Ratlosigkeit und eine unübersehbare Regression sowie eine Vergesslichkeit bezüglich erreichter emanzipatorischer zivilisatorischer Standards und Argumente.

Vielleicht hat Badiou zumindest in einem Punkt Recht: Wirkliche Wahrheiten sind, wenn sie Wahrheiten sein sollen, immer eindeutig. Ihre Eigenart ist es, Kriterien der Bewertung und der Unterscheidung zu definieren zwischen richtig und falsch, fortschrittlich und reaktionär, gut und schlecht, freiheitlich und repressiv. Wenn einem Denken dies nicht gelingt, dann ist es kein richtiges Denken.

8. STÄRKE UND SCHWÄCHE DER LINKEN

Die unbestreitbare Größe der intellektuellen Linken ist, dass sie willens und in der Lage ist zu radikaler, selbstkritischer Analyse – das hat von 1980 bis 2010 aber zu einer Lähmung geführt. Denn alle Selbstkritik der Linken wurde ab einem bestimmten Zeitpunkt zu einem Soll, das wiederum als Haben auf dem Konto der Reaktion zu Buche schlug. Ab einem bestimmten Moment hat die Rechte überhaupt nur noch Geschäfte mit der Schwäche, mit der Abwertung der Linken gemacht. Denn die Rechte ist nie zu einer echten Selbstkritik in der Lage und willens gewesen. Anders gesagt: Was die größte Stärke des progressiven Lagers ist, seine wirkliche Universalität, das kann, unter bestimmten Umständen, zu seiner größten Schwäche werden. Das ist das zentrale kulturelle Problem der Linken heute: Die schonungslose Selbstkritik, die unabdingbar ist, um ein fortschrittliches Projekt entwickeln zu können, spielt erst einmal nur der Gegenseite in die Hände. Das zu wissen ist von großer Bedeutung, um dem Gegner nicht vollends zu unterliegen. Um nicht zu vergessen, worum der Kampf sich wirklich dreht.

9. DIE INTELLEKTUELLE FUNKTION

Nur progressive Intellektuelle haben ein Bewusstsein von der tiefen Widersprüchlichkeit ihres Tuns, ihrer öffentlichen Rolle und »Aufgabe«. Die Entfaltung dieses Widerspruchs (der bei Adorno, aber auch bei Bourdieu auf die Spitze getrieben wurde) fand keine geeigneten Nachfolger, die Adornos oder Bourdieus Arbeit auf dem gleichen Niveau und mit der gleichen Intensität und Emphase hätten fortsetzen können. Ein kontingentes historisches Ereignis – dessen fatale Folgen allerdings bis heute spürbar sind in Form einer weiter abnehmenden Bedeutung und Emphase kritischer intellektueller Produktion zumal an deutschen Universitäten.

Bourdieu und Adorno haben den Widerspruch entfaltet zwischen den Hauptaufgaben kritischer Intelligenz, einerseits einen Bruch in der gesellschaftlichen Ordnung des Seins darzustellen und aktiv zu betreiben, andererseits einen ganz bestimmten Platz innerhalb dieser Ordnung im kulturellen Feld derselben einzunehmen, mit einer ganz bestimmten »affirmativen« Funktion für die Gesamtgesellschaft. Seitdem hat niemand mehr dieses Thema produktiv weiterentwickelt, auf ein höheres Niveau gehoben, von dem aus die überlieferten Fragen sich weiterentwickeln und klären, in ihrer Bedeutung verändern und konstruktiv beantworten ließen. Auf dieser Ebene war die Intelligenz der letzten Jahrzehnte im Großen und Ganzen resignativ. Diesen Stand der Dinge nicht nur in Form einer zeitgenössischen kritischen Analyse zu begreifen, sondern ihn produktiv weiterzuentwickeln – das ist unsere Aufgabe. Und, vielleicht sollte das hinzugefügt werden, diese Aufgabe duldet keinen Aufschub mehr.

10. BÜRGERLICHE KULTUR

Die Grenze bürgerlicher Kultur ist eben ihre bürgerliche Organisationsform, ihre politische Ökonomie. Hier hat es über einen Zeitraum von etwa hundert Jahren interessante Formen kritischer Selbstreflexion gegeben. Vor allem in Kunst und Literatur. Bis auf ein paar voluntaristische (und letztlich dem kulturellen Feld und seinem herrschenden Habitus noch immanente) Ausbruchsversuche »avantgardistischer« Art hat es kaum Versuche gegeben, sich andere Organisations-, Produktions- und Gebrauchsformen als die der bürgerlichen Kultur konkreter »vorzustellen«. Genau daran aber mangelt es, und darum drehen sich die Debatten im Kreis. Und es zeigt sich, dass man da und dort bereits hinter das erreichte theoretische Niveau zurückfällt. Das ist eine unausweichliche Erscheinung, wenn sich der kulturelle und existenzielle Hintergrundraum bestimmter Diskussionen und Fragestellungen auflöst.

Das kulturelle Feld, unser Referenzrahmen, versperrt uns die Sicht: Die herrschenden Autorisierungs-, Belohnungs- und Attributionssysteme in den kulturellen Professionen sind das eigentliche Innovationshindernis. Wenn wir in diesem Rahmen weitermachen, dann werden wir unsere besten Zeiten hinter uns gehabt haben: die klassische Moderne, mit ihren großen Werken der bildenden Kunst, der Musik, des Theaters, der Literatur (1900 bis 1930), der Philosophie (1900–1970) und, vielleicht, der Gesellschaftstheorie (1900–1920 und 1960–1990). Demgegenüber bleiben auch die avanciertesten theoretischen Beiträge der letzten Jahrzehnte im institutionellen Rahmen bürgerlicher Kultur – nicht ohne gewisse Reminiszenzen an die (vom gebildeten Publikum goutierte) Geschichte der Provokationen und Radikalismen, an Avantgarde und Revolution.

11. EMPHATISCHES DENKEN

Unsere Zeit glaubt an Eliten, Experten und Prominente. Das ist in der Hochkultur nicht anders als in der Populärkultur, in den Medien und in der Politik. Darin liegt ein fundamental inegalitärer Zug der Gegenwart. Wirkliches Denken aber, emphatische geistige Arbeit, geht notwendig davon aus, dass das Denken tatsächlich etwas in der herrschenden Ordnung der Dinge ändern kann. Ohne diese Annahme ist emanzipatorisches Denken ein bloßes Spiel in der akademischen Wissenschaft und in der medialen Öffentlichkeit – als ein solches »Spiel«, das zu spielen sich (trotz allem!) lohnt, hatte ja Bourdieu die Vorgänge im kulturellen Feld beschrieben. Wir aber müssen davon ausgehen, dass es immer um mehr geht. Wir gehen davon aus, dass ein Denken unsere ganze Weltsicht und damit die ganze Welt verändern kann. Je nachdem, ob man diese Prämisse teilt oder nicht, ist das »Wozu« aller Debatten und Fragestellungen plötzlich ein ganz anderes. Die konventionelle Haltung innerhalb des »Spiels« hat durchaus auch ihre »kritischen« Seiten. Aber sie schließt eine bestimmte Dimension des Fragens prinzipiell aus.

Nur wenn wir das Denken emphatisch verstehen, können wir auch mit dem inegalitären Regime der Kultur brechen – mit dem Glauben an Eliten, Experten und Prominente. Nur dann werden unsere Fragen, unsere Diskussionen wirklich allgemein; offen für die Dringlichkeit und Radikalität, die die eingeübten Rituale des professionellen Spiels durchbrechen.

12. INNERLICHKEIT, EINSAMKEIT, RETTUNG

Der Rückzug des radikalen Denkers oder Künstlers in die Einsamkeit, auf »sich selbst« (Kafka, Nietzsche, Beckett, zum Teil Adorno usw.), die Rücknahme auf die denkende und schreibende Individualität – ist zugleich der Punkt der Berührung mit dem Allgemeinen. Nicht durch die absichtliche Vergesellschaftung und »Vernetzung« des Gedankens wird wahre Allgemeinheit, wird Universalität erreicht, sondern durch bewusste Trennung und Absonderung. Das Subjekt ist nicht der Punkt oder der Besitz, auf den man sich etwas einbildet. Es ist die Treue zum Denken und zur Wahrheit. Mit Deleuze (und Badiou) kann man das als Allgemein-Werden des Einzelnen bezeichnen. In den großen Werken der Philosophie und Literatur scheint es auf, eine merkwürdige Art des An-und-für-sich-Werdens des Subjekts.

Als Einzelne spüren alle ihre entsetzliche Schwäche und Ohnmacht. Im Subjekt, der Öffnung zum Allgemeinen, scheint eine Möglichkeit der Rettung auf: Nicht um »Innerlichkeit« oder den sicheren Besitz, den »inneren Reichtum« der Persönlichkeit ist es zu tun; sondern um die Präsentation der Wahrheit des Ganzen im Gedanken und im Subjekt. Dort, wo das Ganze, wie Adorno sagt, als das Unwahre erscheint, dort schlägt Erkenntnis in die Möglichkeit messianischer Rettung um. Erlöst von der falschen Partikularität, versöhnt in einer »werklosen Gemeinschaft«, empfangen die Subjekte mit einem Mal die Macht der Außerkraftsetzung der Herrschaft, der Hierarchien der bestehenden Ordnung. Darin konvergieren emphatisches philosophisches Denken und Religion. Wir erscheinen und gelten alle als Gleiche, das Ganze der bestehenden Mächte gilt als nichts. Während das für die christliche Religion nur eine vorübergehende, wesentlich imaginäre Macht- bzw. Ohnmachtserklärung ist, meint die Philosophie diesen Anspruch ganz wörtlich.

Die messianische Dimension liegt in dem Gedanken, dass eine wirkliche Änderung, eine substanzielle Befreiung (von dem Bann, der das Ganze ist, die gesellschaftliche Totalität) nicht nur »von uns« abhängt, nicht ganz in unserer Macht steht, sondern eines anderen, sozusagen göttlichen Elements der Rettung bedarf. Wir mobilisieren einen Glauben, eine Überzeugung, die nicht nur ein anderes Handlungsprogramm bedingt – sondern auch eine andere Perspektive, eine Perspektive der Rettung, die alles mit einem Mal in einem anderen Licht erscheinen lässt. Die Einnahme des Standpunkts der Erlösung ist eben kein aufklärerischer Akt, sondern in letzter Instanz ein religiöser. Man könnte sagen, er erzeugt in uns die Disposition des Gerettet-werden-Wollens und -Könnens. Hier ist das ganze Register der Bereitschaft und der Offenheit entscheidend, des Wartens und Lassens. Darin verborgen liegt die Idee eines Unverfügbaren im Kern der Freiheit: Das »Worumwillen« der Freiheit ist nicht nur der Raum einer endlich autonomen Verfügung über die eigenen Möglichkeiten. Es ist die Idee eines fundamentalen Wandels allen Sinns. Das ist das Messianische, wie Adorno es sich vorstellt: eine winzige Verschiebung, die, mit einem Mal, alles verwandelt. Und es bleibt eben grundsätzlich unklar, ob nur wir es sind, die sich und ihre »Einstellung« ändern; oder ob es sich um ein Ereignis im Sinne einer göttlichen Gabe oder Fügung handelt. Das Geheimnis des Daseins liegt in dieser Unklarheit, in der kleinen Differenz zwischen autonomer Verfügung und dem Geschehen des Unverfügbaren.

13. ENTWICKLUNG UND RICHTIGES LEBEN

Was für die einzelnen Menschen gilt, das gilt auch für die Gesellschaft im Ganzen: Um nicht einer plumpen und am Ende ebenso enttäuschenden wie (selbst-)zerstörerischen Logik der fortschreitenden Steigerung, des bloß äußeren Wachstums von Dingen, Reichtümern und Ehren unterworfen zu sein, braucht man ein anderes Entwicklungsmodell. Ein solches Modell ist an Qualitäten des Lebens orientiert, der Entwicklung von Fähigkeiten. Vor allem aber geht es um Kriterien und Maßstäbe für die Bewertung des *Sinns* von individuellen wie sozialen Praktiken, Projekten und Verhaltensweisen. Zur Eigenart solcher Entwicklungsmodelle zählt, dass keine eindeutigen Ziele der Entwicklung angegeben werden können. Bislang konnte das verbreitete Unbehagen an der um äußere Güter zentrierten Entwicklungsvorstellung der bürgerlich-kapitalistischen Gesellschaft noch in Grenzen gehalten und auf alle möglichen politischen, kulturellen und psychischen Nebengleise abgedrängt werden. Seit die Orientierung an wirtschaftlichem Wachstum aber zu einer völlig verselbstständigten Kultur der Mehrarbeit und Überproduktion geführt hat, mit bedrohlichen Folgen für die Gleichgewichte der inneren wie der äußeren Natur gleichermaßen – seitdem erhält die Gesellschafts- und Kulturkritik des Wachstums eine neue Dimension.

Jetzt wird noch deutlicher als früher, wie sehr die gesellschaftliche Produktions-, Arbeits- und Konsummaschine nicht nur eine Praxis der Herrschaft und Unterdrückung, sondern auch der unermesslichen *Entfremdung* ist: der systematischen Ablenkung aller von der Frage, wie wir eigentlich leben wollen. Es ist die Aufgabe und die Ehre intellektueller Arbeit, darauf nicht nur hinzuweisen (und die verdrängte Frage sozusagen stellvertretend für alle zu stellen), sondern auch darauf zu insistieren, dass eine freie Gesellschaft, eine, die dem Bann der irrsinnigen und losgelassenen Produktion entronnen wäre, nur möglich ist, wenn tatsächlich *alle* sich diese Frage stellen. Eine andere Gesellschaft entsteht dann, wenn die Einzelnen wirklich aus ihrer (nicht nur selbst-) verschuldeten Unmündigkeit heraustreten und die gesellschaftlichen Verhältnisse und menschlichen Beziehungen, die wirtschaftliche Ordnung ebenso wie die Lebensformen des Alltags, bewusst neu gestalten. Adorno hat gesehen, dass im Zentrum dieser emanzipatorischen Großen Erzählung die Idee der Aufhebung des Privilegs, des Ausnahmecharakters intellektueller Arbeit liegt. Die wirklich allgemeine Bildung aller fällt mit der umfassenden demokratischen Aneignung der Gesellschaft zusammen. Die allseitige Bildung der Persönlichkeiten dient dem Erwerb derjenigen Fähigkeiten, die nötig sind, um sowohl auf der individuellen wie auf der gesellschaftlichen Ebene die Frage nach dem richtigen Leben nicht nur da und dort aufzuwerfen, sondern auch immer mehr tatsächlich beantworten zu können. Lernen, im eigenen Namen zu sprechen; eigene Bedürfnisse zu artikulieren und zu reflektieren; und gemeinsame Bedürfnisse und Interessen zu vertreten: das wäre die Bildung zur Demokratie.

VI

1. HEGEMONIE UND IDEOLOGIE

Warum ist die neoliberale Ideologie vorerst noch immer die herrschende? Warum ist sie politisch und kulturell so stark? Man wird ja kaum sagen können, dass sie nicht längst, und von allen möglichen Seiten, infrage gestellt und kritisiert würde. Vielleicht zeigt sich die Schwäche der Linken darin, dass die Kritik an den offensichtlich schädlichen Folgen des Neoliberalismus für unser Leben, die soziale Gerechtigkeit, das ökologische Gleichgewicht und die Demokratie inzwischen zur Routine geworden ist. Die »Infragestellung« geht ins Stadium der Selbstverständlichkeit über. Mit anderen Worten, das gegenwärtige System herrscht nicht, obwohl, sondern *weil* eigentlich alle Bescheid wissen. Das ist auch die Deutung von Žižek: »Je sais bien mais quand même ...« Wir wissen eigentlich alle um die zerstörerischen und die Zukunft gefährdenden Aspekte des gegenwärtigen Regimes. Aber das ändert nichts, weil wir letztlich nicht an unser Wissen *glauben*. Das würde bedeuten, dass es gerade unsere innere Distanz zum bestehenden System ist, welche dieses aufrechterhält. Genauer gesagt: welches unsere eigene Bereitschaft zur Fortsetzung dieses Systems, unseres Platzes in ihm aufrechterhält. Die These ist, dass es immer irgendeinen Glauben gibt, der die Ordnung trägt. Insgeheim sind wohl die meisten davon überzeugt, dass diese Ordnung im Augenblick ohne Alternative ist.

Die neoliberale Hegemonie ist also deswegen so stark, weil wir uns kulturell eine andere noch nicht *vorstellen* können. Es mangelt an einem neuen Leitbild, einer Wunschvorstellung davon, wie das Leben und das Zusammenleben aussehen könnten, wenn sie nicht mehr so wären wie bisher. Rückblickend war dies der zentrale Mangel der meisten kritischen, linken, feministischen, alternativen Bewegungen seit den 1960er Jahren: Die evidenten Schwächen der patriarchalen bürgerlichen Arbeits-, Leistungs- und Konsumgesellschaft wurden allesamt aufgezeigt und ausgestellt. Aber die bürgerliche Ordnung war (auch für die meisten der Kritikerinnen und Kritiker) der stillschweigend vorausgesetzte Referenzrahmen der Kritik. So blieb die herrschende Norm intakt, überlebte im Modus der Fragwürdigkeit oder generellen Infragestellung – und wurde nur durch ein paar erlaubte Ausnahmen und Durchbrechungen der vorausgesetzten Normalität der androzentrischen bürgerlich-kapitalistischen Arbeitsgesellschaft aufgelockert. Das gilt für die patriarchale bürgerliche Kleinfamilie und den in ihr implizierten Geschlechtervertrag; für die kapitalistische Lohnarbeit mit ihrem höchst ungleichen Arbeitsvertrag und ihrem entfremdeten »Arbeitsplatz«; für die politische Unmündigkeit gegenüber einem monströsen und materiell-rechtlich wie geistig-symbolisch gleichermaßen herrschenden Staatsapparat; schließlich für die dominierenden Vorstellungen von Fortschritt, Wohlstand, Gerechtigkeit und Glück.

So lange die Linke keine prinzipiell andere Vorstellung vom guten Leben entwickelt, eine konkrete Idee, die für alle, nicht nur für kleine Minderheiten und Eliten Gültigkeit hätte – so lange ist eine Änderung der bestehenden Verhältnisse ausgeschlossen. Der Ausgangspunkt ist die Frage, ob wir wirklich anders leben wollen, und wenn: wie dieses Leben konkret im Alltag aussehen könnte. Die alten linken Denkgewohnheiten, sich auf »kritisches Bewusstsein« und »Infragestellungen«, auf »Widersprüche« und »Ambivalenzen«, auf Krisen und Selbstgefährdungen der herrschenden Ordnung zu spezialisieren – diese Gewohnheiten haben uns schwach gemacht und fantasielos, besserwisserisch und misstrauisch. Es reicht nicht mehr aus, nur zu postulieren, dass das Bestehende fragwürdig oder falsch ist; dass die Fantasie an die Macht und die unterdrückten Wünsche ans Licht kommen müssen; dass es neben dem aktuell Wirklichen immer auch das Mögliche gibt, ja dass wir einem Spontispruch gemäß sogar realistisch sind, wenn wir das Unmögliche verlangen. All dies hat das progressive Lager in den 60er und 70er Jahren kulturell gestärkt. Woran es dann mangelte, das war der nächste Schritt, das waren konkretere Vorstellungen von der Gestalt einer anderen möglichen Ordnung als der bestehenden.

2. KUNST UND LEBEN

Der theoretische Modernismus von Kunst und Literatur (wie er beispielhaft bei Adorno ausgeprägt ist) trennt die Kunst vom »Leben« und von der »Gesellschaft« gleichermaßen. Für Adorno ist diese separate Wirklichkeit der Kunst nicht eine Reinheit, die wie bei Paul Valéry eine ganz eigene, sich selbst genügende Welt des *l'art pour l'art* begründet. Kunst als getrennte Realität, als von der falschen Gesellschaft abgetrennte eigene Welt, verweist auf diese und auf sonst nichts. Die Trennung trägt das Mal der bürgerlichen Arbeitsteilung und ist dementsprechend zwar für sich wahr, aber auch falsch wie diese. Die Ambivalenz in Brechts Begriff der Verfremdung weist ein wenig über Adornos strenge Lehre der dialektischen Trennung von Kunst und Leben hinaus. Die ästhetischen Verfahren stellen das gewöhnliche Leben in seiner scheinbaren Normalität aus und »verfremden« es auf diese Weise. Diese ästhetische Verfremdung ist aber nicht nur Kritik. Sie birgt auch das Potenzial einer ästhetischen Umgestaltung des Alltags durch die Menschen selbst. Nicht um »von oben« ersonnene Änderungen geht es dabei, sondern um eigene Erfindungen und neue Gewohnheiten, neue Gebräuche, welche auch durch einen anderen Blick auf das scheinbar Selbstverständliche und Vertraute, nunmehr fremd Gewordene eröffnet wurde (und nicht nur durch politische Reformen, Änderungen der Macht- und Produktionsverhältnisse).

Was früher einmal »Spontaneität« geheißen hat, was mit dem Wunsch umschrieben war, die »Fantasie an die Macht« zu bringen, das betrifft genau dieses Problem: die schöpferische Veränderung des Alltags, der alltäglichen Lebensformen. Nicht nur um die Autonomie, die Trennung der Kunst und des Denkens vom Leben geht es, um die Erzeugung eines emanzipatorischen Abstands, die Eröffnung anderer Möglichkeiten. Es geht ebenso um die Vermischung – um die Umgestaltung des gewöhnlichen Lebens. Das Mögliche soll nicht nur eine Kategorie des Utopischen bleiben, sondern auch eine der konkreten Praxis werden. Beide Ebenen sind unverzichtbar und nicht aufeinander reduzierbar. Die Kunst ist das Modell; aber eben nur das Modell. Das andere Leben, von dem die Kunst im Modus der Fiktion träumt – es kann, da und dort, im Hier und Jetzt Gestalt annehmen.

3. ALS OB I

Die Form des kategorischen Imperativs bei Kant konfrontiert uns mit einem eigenartigen Gesetz: so zu handeln, so das eigene Handeln zu bedenken und zu gestalten, *als ob* es allgemeine Geltung haben könnte und sollte. Das ist zum einen ein ungeheurer moralischer Anspruch – und zwar an mich selbst ebenso wie an alle anderen, denen ich

nicht nur durch politische Reformen, Änderungen der Macht- und Produktionsverhältnisse).
Was früher einmal ‚Spontaneität' geheißen hat, was mit dem Wunsch umschrieben war, die ‚Phantasie an die Macht' zu bringen, das betrifft eben genau dieses Problem: die schöpferische Veränderung des Alltags, der alltäglichen Lebensformen. Nicht nur um die Autonomie, die Trennung der Kunst und des Denkens vom Leben geht es, um die Erzeugung eines emanzipatorischen Abstands, um die Eröffnung anderer Möglichkeiten. Es geht ebenso sehr um die Vermischung – um die Umgestaltung des gewöhnlichen Lebens. Das Mögliche soll nicht nur eine Kategorie des Utopischen bleiben, sondern auch eine der konkreten Praxis werden. Beide Ebenen sind unverzichtbar und nicht aufeinander reduzierbar. Das andere Leben, von dem die Kunst im Modus der Fiktion träumt – es kann, da und dort, im Hier und Jetzt Gestalt annehmen. Die Kunst ist das Modell; aber eben nur das Modell.

159.

Als ob

Die Form des Kategorischen Imperativs bei Kant konfrontiert uns mit einem eigenartigen Gesetz: so zu handeln, so das eigene Handeln zu gestalten und zu bedenken, _als ob_ das Gesetz unseres Verhaltens allgemeine Geltung haben könnte und sollte. Darin steckt zum einen ein ungeheurer moralischer Anspruch — und zwar an mich selbst ebenso wie an alle anderen, denen ich die Befolgung meiner Handlungs- und Willensmaximen anempfehle. Zum anderen steckt darin eine ungeheure, ebenso vermessene wie phänomenologisch evidente Selbstüberhebung: Ich bestimme und reflektiere mein Denken und Handeln so, _als ob_ es tatsächlich _auf mich_ ankäme. Die empirische Bedeutungslosigkeit meiner eigenen Person wird in der Form der Universalität, in ihrem allgemeinen Anspruch aufgehoben.

160.

Kommunismus

Die Zukunft wird kommunistisch sein, schon alleine aus der Not, aus den allgemeinen Knappheiten heraus werden wir zu vielfältigen Formen des freien Austauschs ohne Geld kommen müssen: Zeit-Banken, Naturalientausch, gegenseitige Hilfe, Kommunen, Genossenschaften, Freund-

die Befolgung meiner Handlungs- und Willensmaximen »anempfehle«, wie es bei Kant heißt. Zum anderen eine ungeheure, ebenso vermessene wie phänomenologisch evidente Selbstüberhebung: Ich bestimme und reflektiere mein Denken und Handeln so, als ob es tatsächlich *auf mich ankäme*. Die empirische Bedeutungslosigkeit meiner eigenen Person wird in der Form der Universalität, in ihrem allgemeinen Anspruch aufgehoben.

4. KOMMUNISMUS I

Die Zukunft wird kommunistisch sein. Schon alleine aus der Not, aus den kommenden allgemeinen Knappheiten heraus werden wir zu vielfältigen Formen einen Tauschs ohne Geld kommen müssen: Zeitbanken, Naturalientausch, gegenseitige Hilfe, Kommunen, Genossenschaften, Freundschafts- und Nachbarschaftsnetzwerke aller Art. Alterswohngemeinschaften, gegenseitige Kinder- und Altenbetreuung; ein ausgefeiltes Leih- und Tauschwesen für Möbel, Bücher und Werkzeuge, nicht mehr nur für Bücher, Musik und Filme. Viel mehr werden wir miteinander teilen müssen, die Freunde, die Kinder, die Verwandten; die Wohnungen und die Automobile, die Transportausweise und die Telefon-, Internet- und Fernsehanschlüsse. Die bürgerliche Kleinfamilie mit all ihrem »Eigentum«, ihren Wohnformen und ihrer gewohnten Arbeitsteilung – das wird sich als eher unpraktisch erweisen im Kontext kommender Knappheiten von

Renten, Wohnraum und staatlichen Infrastrukturen aller Art.

Andere Besitzverhältnisse und Gebrauchsweisen der Dinge, andere Raum- und Zeitordnungen werden wir zu vertiefen, zu erfinden und einzuüben haben. Sind wir schon reif dafür? Es bleibt uns vermutlich nichts anders übrig, als dies alles zu lernen. Das bürgerliche Individuum, auf dessen Kritik, Zersetzung und Überwindung in der Kultur des 20. Jahrhunderts so viel Mühe verwandt wurde – es wird sich im Rahmen veränderter sozialer Alltagspraktiken von selbst umformen. Denn die sozialen Bindungen und Freundschaften werden in Zukunft ungleich wichtiger werden.

5. EMPHASE UND IMPERATIV DES DENKENS

Der kategorische Imperativ emphatischen Denkens ist ethisch und geistig (die Gewinnung einer eigenen, freien Position überhaupt). Primär ist hier nicht ein sittliches Gesetz, sondern die emphatische Exposition des Person-Seins. Dieser Imperativ hat folgende Form: Denke und handle als singuläre Universalie – als ob es jederzeit auf dich ankäme; auf die Wahrheit und Glaubwürdigkeit deiner Haltung. Wahrhaft universal ist, mit anderen Worten, wer sich selbst so ernst nimmt, dass sie alle anderen in die eigene Subjektivität einschließt. Es geht dabei mehr um den ethischen Entwurf eines guten Lebens als um das moralische Gesetz. Die ethische Krümmung des kategorischen Imperativs nähert ihn ganz unverhofft Nietzsches ethischer (nicht kosmologischer) Lehre der »Ewigen Wiederkehr« an: Alle Gedanken und Handlungen müssen durch ihre immanente Wahrheit, Schönheit und Güte gerechtfertigt werden (können). Es ist nicht egal, was und wie ich denke, was ich tue und wie ich es tue. Es kommt auf mich an – es kommt jederzeit auf alle an (die Heiligkeit jedes Einzelnen, wie sie im Christentum behauptet wird, entspricht exakt dieser Idee). Im Christentum geht es um das Heil, die Rettung jeder einzelnen Seele; scheinbar um eine Art Privatbesitz jedes einzelnen Menschen. Wir korrigieren diese Lehre ein wenig: Es geht immer, überall und in jedem zugleich um alle und um alles. Die absolute Würde jedes Einzelnen, gemäß Kants Lehre, betrifft die Einzelnen als Selbstzwecke, aber primär als Vernunftwesen. Wenn aber jede wirklich »zählt«, dann ist es sich jede *um ihrer selbst willen* schuldig, sich selbst als einen heiligen Zweck zu respektieren – und dieser Zweck verbindet sie mit allen anderen. Das Denken ist das Mittel, sich zu dieser Aufgabe zu erheben. Und es zeigt auf, dass irgendwann das Besondere und das Allgemeine zusammenfallen.

6. FREIHEIT UND ZWECK AN SICH SELBST

Für den christlichen Denker ist die universalistische Moral des kategorischen Imperativs ein göttliches Gebot. Für modernes aufklärerisches Denken ist es ein Gesetz, das wir uns selbst geben. Beide Lehren versuchen, eine Identität von Ethik und Moral zu erreichen: Jeder ist ein Zweck an sich selbst, und jede soll jeden anderen als ihr gleichen Zweck an sich selbst respektieren. Für die moderne Aufklärerin, den linken, emanzipatorischen Kantianer, gibt es einen größeren Eigenwert des Ethischen als eines irreduzibel Besonderen: größer als im traditionellen Christentum, größer auch als bei dem Christen Kant selbst. Unser ethischer Zweck ist identisch mit dem aller anderen; aber er ist nicht ein bloßer Vollzug des göttlichen Gebots oder des Sittengesetzes. Er ist nicht die Wiederherstellung einer ursprünglichen harmonischen Ordnung. Die Versöhnung aller ist nicht das (Wieder-)Eingehen in eine gemeinsame göttliche Substanz. Es ist auch die Befreiung zu sich selbst als einem Wesen, das nicht in seiner Egoität aufgeht (aber eben auch nicht in dem bloßen Gegenteil des Ego, zum Beispiel in der Liebe des Nächsten oder Anderen). In jedem Moment, hier und jetzt entscheidet sich die Erlösung der Subjekte. Es ist nicht eine Projektion auf ein zukünftiges Heil – es ist das mögliche Aufscheinen des Heils, der Erlösung in jedem Augenblick. Im christlichen Denken hat man das Geheimnis der nicht ablaufenden Zeit stark als eine Unendlichkeit im Sinne eines Zeitendes aufgefasst, als Aufhören der menschlichen Zeit. Aber es geht eher um den guten Gebrauch der Zeit: der endlichen Zeit sterblicher Menschen durch die Aktualisierung transzendenter, überzeitlicher, oder »ewiger« Imperative. Die eigentliche Utopie liegt tatsächlich in der Übereinstimmung der ethischen Perspektive des guten Lebens mit der moralischen der Verallgemeinerung des eigenen, je besonderen Strebens nach einem guten Leben. Alle Menschen sollen für sich und füreinander »Personen« werden. Das ist die ethische Utopie.

7. PHILOSOPHIE – ERSCHÜTTERUNG DER MEINUNGEN

Die Destabilisierung der herrschenden Meinungen ist kein Selbstzweck, durch den sich Intellektuelle profilieren würden. Im Mittelpunkt der emphatischen Auffassung des Denkens liegt die Überzeugung, dass die Erschütterung der herrschenden Meinungen nicht folgenlos ist; dass sie eine Wahrheit eröffnet, und zwar nicht einfach eine Wahrheit, die dann in der Zukunft die herrschende würde (eine in Zukunft herrschende Meinung). Vielmehr geht es um eine befreiende, erlösende Wahrheit – eine, die auf magische Weise alles ändert. Das ist der messianische Kern emphatischen Denkens: Verwandlung des Selbst und der Welt zugleich.

8. SINGULÄRE EINZELNE

Die avancierte Philosophie des letzten Viertels des 20. Jahrhunderts entfaltet verschiedenste Formen der Kritik am Begriff des Subjekts, der Identität, des Eigenen, der Gemeinschaft. Doch sie tut dies auf dem Boden der bestehenden bürgerlichen Gesellschaft – fast ohne jede politische und geistige Fantasie in Bezug auf eine andere mögliche Gesellschaft. Der Subjektstatus in unserer bestehenden Gesellschaftsordnung ist äußerst prekär. Die Formen der Subjektivierung sind zumeist Produkte eines materiell erzwungenen Kampfs um Anerkennung und Status. Der eigene Name, den man sich macht, ist das Geld in der bürgerlichen Subjektivierungsform. Meine Identität ist so etwas wie mein Wert im Verkehr und im Vergleich mit den anderen; sie ist nicht einfach ein ideologisches Phantasma, das es aufzuklären gälte. Sie ist mein Eigentum: dasjenige, was mir meinen Platz in der symbolischen Ordnung gibt. Das heißt, um eine andere, weniger »feste« oder starke Identität zu erproben, müsste insgesamt die symbolische Ordnung ganz anders beschaffen sein, welche ja die jeweiligen Plätze zuweist, sichert oder eben bedroht. Ist das möglich: eine symbolische Ordnung der Egalität, der gleichen Anerkennung aller nicht mehr als feste, identische Subjekte, sondern als singuläre Einzelne?

9. ÜBER DAS (AUF-)TEILEN UND DIE GABE

Ein großer Teil unserer gemeinsamen Lebensformen ist eine Ordnung der Teilung oder Verteilung: des Aufteilens und Zuteilens von Plätzen und Rechten, von »Anteilen«; des Austauschs und Mit-Teilens, gegenseitigen Gebens und Nehmens,

Anbietens und Schenkens. Das soziale Leben ist eine Ordnung des Teilens und Verteilens. Jede Teilordnung ist von einer anderen Logik des Gebens und Nehmens bestimmt: freie Gaben, Investitionen, geschuldete Handlungen, Rechtsansprüche, (ungleicher) Tausch, und so weiter. Die schenkenden Tugenden der freien Gabe und Liebe stehen in der ethischen Hierarchie am höchsten. Sie begründen intrinsische Handlungsmotivationen. Im Sinne von Aristoteles sind sie um ihrer selbst willen gesuchte Güter. Das Geheimnis einer Existenz, die als Öffnung, als Da des Seins erscheint – dieses Geheimnis entfaltet sich in freiwilligen, in freien Handlungen und Haltungen; in Lebensformen, die das Dasein selbst als den wirklichen Reichtum und Sinn erscheinen lassen und nicht irgendwelche Profite, die aus Handlungen resultieren. Sich selbst als dieses Dasein verstehen und entfalten lernen: Das ist unsere Aufgabe.

10. SOZIALE UND KULTURELLE HIERARCHIEN

Die Affinität von Teilen der Mittelschicht zu humanistischer Bildung und Persönlichkeitsentwicklung – ist auch eine Geste der Distinktion gegenüber Unterschichten oder solchen Mittel- und Oberschichten, die sich primär über materielle Werte definieren. Sie ist aber vor allem ein emphatischer Selbstzweck: die Errichtung und immer wieder neue Pflege einer Kultur, die um ihrer selbst willen als erstrebenswert gilt. Die bürgerliche

Hochkultur ist in ihren Effekten strukturell exklusiv. Sie schließt alle möglichen Menschen auf der Ebene der Bildungsvoraussetzungen, des Geschmacks und des Habitus aus. Diese Exklusivität aber ist kein »an sich«. Sie ist nicht dem Willen geschuldet, einer kleinen Elite anzugehören. Die modernistische bürgerliche Hochkultur hat einen universalen Anspruch. Sie möchte für alle offen und interessant sein. Nur in einer falschen Gesellschaft, in einer Klassengesellschaft, in der größere Schichten vom Zugang zu höherer Bildung ausgeschlossen sind, hat diese Kultur den faden Beigeschmack einer Beschränkung auf bestimmte, soziologisch recht klar definierbare Personenkreise. Die Feinheit des bildungsbürgerlichen Geschmacks ist diejenige Form, die der Wunsch nach einer geistig und ethisch anspruchsvollen Existenz geschichtlich angenommen hat. Der Widerspruch gegen die herrschende Gesellschaftsordnung und ihre soziokulturellen Einteilungen ist in sich universal, führt praktisch aber leicht zu einem elitären Habitus. Die Negation des Bestehenden und seines Geistes ist zunächst immer elitär. Das ist die Bedingung des Einspruchs gegen die herrschenden Meinungen und Lebensweisen: der Versuch, sich ihrem Einfluss zu entziehen. Die wirkliche Ambition humanistischer Bildung ist die Auflösung des Zusammenhangs zwischen Bildungskompetenzen und sozioökonomischen Statusgruppen. Nur als universale ist Bildung wahr; nur wenn sie aufhört, Attribut einer bestimmten Klasse zu sein. Das heißt nur dann, wenn sie als Auflösung aller Klassen- und Statuseinteilungen gemeint ist und zu wirken vermag.

11. KULTURELLES KAPITAL

Bestimmte Formen der höheren Bildung waren immer auch etwas wert. Nie waren sie nur »humanistische« Persönlichkeitsbildung, rein von intrinsischen Motivationen angetrieben. Sie ließen sich immer auch, hier und da, eintauschen Man konnte damit unter Umständen Einfluss gewinnen, Ämter, Stellen. Man konnte manchmal damit Einkünfte erzielen. Vor allem aber konnte man damit Achtung gewinnen, was ein schwer zu messender Wert ist. Achtung ist immer auch geknüpft an die Selbstachtung der betreffenden Person. Der allgemeine Kursverlust höherer kultureller Bildung und der habituellen Formen, die sie bei Personen hervorbringt – ist mit verursacht durch einen Vertrauensverlust in die Garantie oder in die Währungen der Achtung und der Selbstachtung.

Zur nicht nur falschen, sondern durchaus auch tragenden Illusion der persönlichen Selbstachtung gehört ihre Selbstgenügsamkeit. Das entspricht der buchstäblich auf nichts gegründeten ethischen Lehre vom heiligen Selbstzweck jeder Person. Das ist das Performativ der Menschenwürde: etwas, das durch Glauben und Behauptung hervorgebracht wird. Dass heute kulturelles Kapital immer schwieriger umtauschbar ist, macht andere Investitionen im kulturellen Feld plausibel: Investitionen in periphere Werte, formale und kulturökonomische Werte, Zeichen von Sozialkapital, Gruppenzugehörigkeit und Expertentum. Bald wird ein Zustand erreicht sein, in welchem der Erwerb von kulturellem Kapital, von reiner Bildung, tatsächlich »interesselos« wird. Man könnte sagen: Was früher (auch) eine Ideologie bürgerlicher Kultur war, wird zunehmend zu ihrer Wahrheit.

12. EINE ANDERE ZEIT – FORTSCHRITT UND GESCHICHTSPHILOSOPHIE

Der Fortschrittsgedanke ist bekanntlich eine säkularisierte Version religiöser Heilslehren und Erlösungsvorstellungen. Von diesen hat er, in seiner platten modernen Version, auch das ganz Abstrakte, das schlecht Unendliche, die ganz plumpe Idee eines Endes geerbt. Die Vorstellung einer qualitativen Änderung des Geschichtslaufs hat aber nur als Idee eines anbrechenden anderen Zeitalters, einer anderen Zeit einen Sinn – nicht als Ende aller Zeiten. Es ist durchaus richtig, auf dem messianischen Anteil im Fortschrittsbegriff zu insistieren. Es ist letztlich aber der spezifisch moderne Gedanke einer Befreiung von sinnlosem Leiden und überflüssigen Opfern. Das bedeutet, dass Geschichte nicht an sich ein Verfallsgeschehen ist, nicht an sich ein Falsches, das nur durch ein magisches Ereignis unterbrochen und stillgestellt würde. Sondern es ist die Verheißung, dass durch unser Zutun die bisherige Geschichte, die bloße Vorgeschichte aufhört und eine ganz andere Zeit anbricht. Die Fülle der Möglichkeiten des Lebens, der Natur, der Gemeinschaft stünden uns dann zur Verfügung, bieten sich uns zum freien Gebrauch. Geschichte, Gesellschaft, Natur und die anderen sind dann kein Verhängnis mehr, das uns bedroht und feindlich gegenübersteht. Das meint Adornos Gedanke der Versöhnung; der Erlösung von dem naturhaften Bann, unter dem wir leben, in dem wir bisher gefangen sind. Im Zustand einer solchen messianischen Erlösung, einer anderen Zeit, wäre in der Tat, wie Adorno sagt, alles ganz anders, als es jetzt ist (oder erscheint). Vielleicht genügte dazu eben eine winzige Verschiebung, die den Unterschied ums Ganze, den Unterschied im Sinn und in der Bedeutung des Ganzen ausmacht.

Adornos Festlegung, dass sich nichts darüber sagen lässt, wie es dann eigentlich wäre, erzeugt unnötiger Weise einen Fantasiemangel im Begriff des Fortschritts. Das sieht auf verdächtige Weise den christlichen Messianismen ähnlich, denen Erlösung ein Ende der Zeiten im Sinne eines Gerichts ist: eine bloße Beurteilung und Würdigung vergangenen Lebens und vergangener Leiden. Das entspricht auch dem ganz abstrakten Begriff der Revolution, wie er in den politischen und kulturellen Diskursen des 20. Jahrhunderts dominierte: irgendetwas »ganz anderes«, in jedem Fall aber ein Aufhören des Vergangenen.

Demgegenüber ist darauf zu bestehen, dass es zwar auch darum geht, dass nicht einfach alles so weitergeht wie bisher. Vor allem aber geht es darum, eine qualitativ andere Zeit zu eröffnen. Es wäre eine, die nicht der Fantasie einer Wiederherstellung der ursprünglichen, göttlichen Ordnung verpflichtet wäre, sondern vielmehr dem Gedanken einer freien menschlichen Gestaltung des gemeinsamen Lebens auf der Erde. Die Qualität unseres Lebens, der Art und Weise, wie die Welt, die Dinge und die anderen uns erscheinen, wie wir sie gebrauchen und wie sie uns – darum geht es in der anderen Zeit. Es geht darum, dass alles so eingerichtet wird, dass es für das menschliche Dasein als dasjenige Seiende, dem es in seinem Sein um dieses Sein selbst geht, da ist und gut gebraucht werden kann (anstatt es zu beherrschen). Alles Seiende ein Selbstzweck der freien Existenz, der bewahrt, gepflegt, gewürdigt und gut gebraucht werden will; das ist die Formel für die Verhältnisse in einer anderen Zeit. Zuletzt kommt es dabei, wie Thierry de Duve sagt, auf den guten Gebrauch der Zeit an – die eben dadurch zu einer nicht bloß linearen, nicht bloß ablaufenden, sondern erfüllten Zeit wird.

13. (KEIN) RICHTIGES LEBEN IM FALSCHEN II

Adornos kategorische These von der Unmöglichkeit eines richtigen Lebens im falschen ist natürlich

Unsinn – selbst wenn sie theoretisch plausibel ist. Da wir als Menschen, als ethische Wesen (als Wesen, die sich selbst und den anderen die Frage nach dem guten, nach dem richtigen Leben stellen) hier, in dieser Welt, innerhalb des Bestehenden leben, müssen wir die ethische Frage nicht nur stellen, sondern auch beantworten. Der zugleich theoretische und ethische Standpunkt der Erlösung, den Adorno einnimmt, ist zwar möglich – er ist auch notwendig. Aber er ist eben auch, als Standort, unbewohnbar. Es gibt eine spezifische Differenz zwischen theoretischen und ethischen Wahrheiten. Die Differenz muss reflektiert und ausgehalten – sie muss praktisch aufgelöst werden auch dann, wenn sie theoretisch unauflösbar ist. Jede von uns ist verantwortlich für ihr Leben; dafür, in welchem Maße es »richtig« und »falsch« ist. Die realen Konflikte und Unmöglichkeiten, die realen Zwänge und Machtverhältnisse, denen wir ausgesetzt und unterworfen sind, sie werden durch jeden von uns in eine ganz bestimmte Form gebracht, in eine ganz bestimmte Haltung überführt, in sichtbare Gesten wie in hörbare Sprachen. Hier sind Unterschiede möglich, wie unscheinbar auch immer.

Sich selbst und den anderen die eigene Schwäche und Ohnmacht einzugestehen, die Abhängigkeit von einander, von den anderen – ist von großer Bedeutung. Nur dadurch, nur durch dieses artikulierte Eingeständnis, ist es möglich, weder an der eigenen Ohnmacht noch an der Macht der anderen irre zu werden, wie Adorno sagt. Nur dadurch kann die soziale Spaltung unterlaufen werden, die alle isoliert und zu bloßen Vollstreckern der Macht werden lässt. Nur dadurch scheint überhaupt eine solidarische Perspektive auf. Der mögliche Zusammenschluss mit den anderen, gegen die Macht – darin liegt nicht nur eine demokratische Potenz, sondern auch ein Glücksmoment jeder Einzelnen. Das Innewerden unserer Gemeinsamkeit ist das Aufscheinen der Möglichkeit einer anderen Welt, eines anderen Lebens. Ebenso wie die ethische Geste der Verweigerung: »Ich nicht!« Aufschein oder Vorschein des Glücks des Besonderen ist. Dies darf unter keinen Umständen geleugnet werden. Adornos Obsession ist es, überall nach Falschem und nach Schuldzusammenhängen zu suchen; das dialektische Denken immer weiter zu treiben. Das aber ist ein Fehler: Der Gedanke muss aufhören können, Behauptungen aufstellen, bei Bejahungen verweilen können (ohne welche in der Tat kein richtiges Leben möglich wäre). Wir müssen die kleinen Spuren des Richtigen festhalten und genießen. Sonst wäre unser Streben nach Wahrheit ein perverses Genießen des Falschen; sonst wäre der Kritiker ein Perverser, der immer nur Recht behalten will gegen das Bestehende.

14. ANDERS LEBEN

Das stärkste Argument gegen Adornos Diktum von der Unmöglichkeit eines richtigen Lebens im falschen ist letztlich »existenzialistisch«: Unsere Aufgabe ist es, hier und jetzt (oder bescheidener: da und dort) bereits Erfahrungen zu machen mit demjenigen Leben, das anstelle des jetzigen treten könnte. Die Vorstellung eines anderen Lebens bleibt ganz abstrakt und theoretisch, wenn sie nicht auch in Ansätzen erfahrbar und darstellbar wird. Dies ist zugleich eine Idee, die sich gegen allzu romantische Konzeptionen vom befreiten Zustand als einem ganz anderen wendet. In Wirklichkeit ist das Andere ganz konkret und relativ unspektakulär. Denn es muss sich ja – wie die heute vorherrschenden Lebensformen und Ideologien auch – im Alltag und real in den einzelnen Individuen verkörpern. Es ist real und sichtbar, oder es ist nicht. Die revolutionär-romantisch-messianischen Fantasien vom ganz Anderen, die die Vorstellungswelt im 20. Jahrhundert dominierten (und heute verschwunden zu sein scheinen), sind natürlich ungleich spektakulärer. Das Unspektakuläre hingegen verkörpert sich in ganz realen Modellen und Alltagspraktiken, in sichtbaren Tugenden und Haltungen. Hier geht es um konkrete Utopien. Ihre Eigenart ist es, so grundverschieden von den Realitäten des falschen Bestehenden nicht zu sein. Sondern eben nur um ein Geringes anders, als es bisher ist. Dieses Geringe ist es, worauf es ankommt; darauf bezieht sich unsere Hoffnung. Ein anderes, ein in Teilen richtiges Leben ist möglich. Es bewahrheitet sich auch an den einfachen, konkreten Dingen des Alltags – an den winzigen qualitativen Unterschieden, wie etwas gemacht und gedacht ist, wie etwas erscheint und sich ereignet. Die großen religiösen, philosophischen und künstlerischen Gebilde und Gedankengebäude waren die Modelle, die Vorformen, die Einübungen für die erleuchtete, richtige Praxis des Menschen: für eine Fülle des Seins, in der uns alles zufällt, in der die Schönheit und Wahrheit aller Dinge sich da und dort, dann und wann entfaltet. Von dieser Utopie her empfangen wir »das Licht«. Sie lehrt uns, dass wir noch unendlich weit entfernt sind von unseren wahren Möglichkeiten. Das ist die Wahrheit, von der wir ausgehen. Von ihr abzufallen führt genau in diejenige unverschämte Herrschaft des Realitätsprinzips, unter der wir immer noch leben.

15. DAS EINFACHE UND DAS WESENTLICHE – REALE WAHRHEITEN UND EMPHASE

So vieles gilt es wegzulassen, zu ignorieren, zu vergessen, zu verleugnen, um sich auf das Wesentliche zu konzentrieren; um es überhaupt sehen zu können. Das Wesentliche, das Einfache, die Aufgabe: Das ist unser mystisches Gesetz, eine ganz eigenartige Wahrheit, gemacht aus Affekten, Instinkten, Einsichten, Behauptungen, Erfahrungen, Hoffnungen und Eigenheiten. Es ist unser Gesetz, von dem wir annehmen müssen, dass es nicht rein privater Natur ist, nicht einfach nur banal zu unserem Ich gehört. Wir müssen annehmen und voraussetzen, wir meinen aber auch zu spüren, dass es etwas

Allgemeines ist, eine Idee, eine Wahrheit, die universal ist, die real existiert, die mitgeteilt und ausgetauscht werden muss. Wir folgen ihr und vertrauen uns ihr an; wir formen sie, arbeiten an ihr und füllen sie mit Leben. Ganz deutlich ist zu spüren, dass all die großen Werke und Gedankensysteme der abendländischen Kultur »Vorübungen« waren für einfache Wahrheiten und einfache Einsichten, deren Erfüllung uns aufgegeben ist. In ihren großen Momenten hatten die Werke der Philosophie, Literatur und Kunst im 20. Jahrhundert eine Ahnung davon, dass sie Medien sind, Vorboten, Instrumente einer ganz einfachen Wahrheit des anderen Lebens.

Alle großen Ideen und »Aufträge«, alle starken Überzeugungen hat man so lange unter Ideologieverdacht gestellt, dass stärkere Bindungen an eine Wahrheit kaum noch eingegangen werden. Das gilt vielen als zu riskant. Die Wahrheiten sind aber das Reale des Denkens. Sie sind der Auftrag, in dessen Namen Theorien und Behauptungen aufgestellt werden. Auch »das Einfache« und die Vereinfachung sind, genauso wie »das richtige Leben«, wenn sie mehr sein wollen als bloße Plattitüden oder Marketingsprüche, solche Wahrheiten. Ohne diesbezügliche Emphase ist es nichts mit dem Denken.

VII

1. KOMMUNISMUS II

Die realen Utopien eines freien Zusammenlebens sehen den heutigen Strategien des Überlebens zum Verwechseln ähnlich: freie Kooperation, gegenseitige Hilfe, Tauschformen ohne Geld usw. Die Befreiung des Mitseins, der Freundschaften, Geselligkeiten und Gemeinschaften aus bloßer Unterhaltung und Unverbindlichkeit: Der freie Austausch, die gelebte Solidarität ist eine Verpflichtung. Sie ist, wie der Fortschritt in der Analyse Thierry de Duves, eine Aufgabe ohne Erfüllungsversprechen. Sie ist die immer neue Aufforderung an uns selbst und an einander. Eine solche Idee ist buchstäblich durch nichts garantiert; sie lässt sich nie beweisen. Allenfalls durch ihre praktischen Effekte lässt sie sich erweisen. Die Wahrheit dieser Idee (wie so vieler anderer Wahrheiten und Ideen), sie »zeigt sich«.

2. NACH 1968 – ENTTÄUSCHUNGEN UND VEREINNAHMUNGEN

Die demonstrative Antibürgerlichkeit war die Falle, in welche die alternativen Bewegungen der 1960er und 1970er Jahre gegangen sind. Vielleicht war es, so könnte man aus heutiger Perspektive vermuten, eine Falle, die von der bürgerlichen kapitalistischen

Arbeitsgesellschaft selbst gestellt wurde. Es wurde die Illusion einer unversöhnlichen Alternative erzeugt – sodass alle realen Vermittlungen wie niederträchtige Anpassungen und Kompromisse aussehen mussten. Die Leugnung oder Verleugnung des Bürgerlichen: der Regelungen der Normalitäts- und Sicherheitsbedürfnisse moderner Individuen in einer Gesellschaft ohne organische Solidarität und funktionierende Sozialgemeinschaften, war letztlich fatal. Denn dadurch kam es zu einer völlig unfruchtbaren Opposition mit eher hysterischen Alternativen. Die ersehnte antibürgerliche »Ausnahme« wurde der bürgerlichen »Regel« gegenübergestellt. Das hat die Hybris des Linksterrorismus ebenso beflügelt wie die letztlich fantasielose Selbstgerechtigkeit aller möglichen linksintellektuellen Gruppen und Bewegungen. Von heute aus sieht dann alles so aus, als sei es überall zwangsläufig zu denjenigen Enttäuschungen und Vereinnahmungen dissidenter Strömungen gekommen, die unser Lebensgefühl bestimmen.

3. GEISTPOLITIK – ETHIK – LEBENSWEISE

Die entscheidende Frage erscheint als eine doppelte: Was wir mit unseren (teils allgemeinen, kollektiven, teils besonderen) Einsichten, Erkenntnissen und Wahrheiten machen – und was sic aus uns machen. Die Frage ist die nach den Praktiken und konkreten Gebrauchswerten von Ideen einerseits, nach den menschlichen Seinsweisen, die dem entsprechen andererseits. Das bedeutet natürlich: Es ist ein und dieselbe Frage. Wer wir werden und was wir tun. Glücklich und erleuchtet diejenigen, die darum wissen und diese ethische Frage als ihre Lebensaufgabe begreifen. Und die nicht davor erschrecken, wie bescheiden eigentlich diese Aufgabe ist (im Vergleich zu den unzähligen metaphysischen und politischen Besetzungen dieser Lebensaufgabe bisher).

4. RESTAURATION – INTENSIVIERUNG VON ARBEIT

Heute zeigt sich ein merkwürdiger Generationenkonflikt, eine Art Implosion der fortschrittlichen Dynamik, die es seit den späten 1950er Jahren gegeben hatte. Zum einen durchschauen alle vermeintlich ganz souverän die »Fehler« und »Illusionen« der Vergangenheit (mit der Tendenz zu einem einfachen Überlaufen zum Realitätsprinzip). Zum anderen haben sich insbesondere die materiellen Verhältnisse in den letzten zwei Jahrzehnten dergestalt verändert, dass heute die Jüngeren unvergleichlich viel mehr arbeiten müssen für weniger soziale Sicherheit und Wohlstand als ihre Elterngeneration. Dafür müssen sie sich noch mehr mit ihrer Arbeit identifizieren als die Älteren, sie zum Zentrum ihres Lebens machen. Damit wird die

181.

Restauration – Intensivierung der Arbeit

Heute zeigt sich ein ganz merkwürdiger Generationenkonflikt, eine Art Implosion der fortschrittlichen Dynamik jeder Generationenabfolge. Zum einen durchschauen alle vermeintlich ganz souverän die Fehler und ‚Illusionen' der Vergangenheit (mit der Tendenz zu einem einfachen Überlaufen zum Realitätsprinzip). Zum anderen haben sich insbesondere die materiellen Verhältnisse in den letzten zwei Jahrzehnten dergestalt verändert, dass heute die Jüngeren unvergleichlich mehr arbeiten müssen für viel weniger Wohlstand und soziale Sicherheit als die alte Elterngeneration. Dafür müssen sie sich noch mehr mit ihrer Arbeit identifizieren als die Älteren, sie immer mehr zum Zentrum ihres Lebens machen. Damit wird die ursprüngliche Kritik an der bürgerlichen Arbeitsgesellschaft und ihrer ‚Entfremdung' in ihr Gegenteil verkehrt. Die intensivierten Arbeitsverhältnisse des Postfordismus lassen so etwas wie eine Entfremdung des Subjekts von seiner Arbeit gar nicht mehr zu. Das ist die verwirklichte schlechte Utopie der kapitalistischen Verwertung: ein Volk von Arbeitskraftunternehmern, von Selbstoptimierern, von mit ihrer Arbeit verschmelzenden Subjekten. Aber es zeigen sich heute bereits erste Brüche in diesem System, immer mehr Jüngere heute streben hinaus.

182.

Der Unterschied des Denkens

Die entscheidende Behauptung eines jeden emphatischen Denkens lautet, daß das Denken einen Unterschied macht, daß es eine verändernde Kraft hat. Diese Kraft ist eine doppelte. Zum einen die Kraft der Erhellung und Erleuchtung; durch ein neues Licht, einen neuen Blick, oder einen neuen Begriff erscheint etwas mit einem Mal ganz anders. Zum anderen gibt es auch die Kraft der Idee: Die Idee ist ein Impuls, etwas in der Wirklichkeit nicht nur anders zu sehen, sondern anders zu machen, um zugestalten nach einer neuen Einsicht. Manchmal genügt eine bloße Erleuchtung, ein anderer Blick auf die Welt, manchmal hingegen ist mehr möglich, oder nötig: eine Veränderung der Dinge aus eigener Kraft, nach einem bestimmten Prinzip, einer als richtig erkannten Idee oder Wahrheit. Die eine Seite des Denkens beleuchtet oder erleuchtet die Welt anders, läßt sie und ihre Dinge, läßt das Sein und das Dasein anders erscheinen. Die andere Seite leitet uns an, die Welt praktisch zu verändern, und dafür Gründe, Prinzipien, Kriterien in Anschlag zu bringen. Einmal erscheinen die Dinge und wir mit ihnen anders; einmal gestalten wir sie (und uns) um. Alles kommt darauf an, des Unterschieds zwischen diesen beiden Aspekten des Denkens gewahr zu sein.

ursprüngliche Kritik an der bürgerlichen Arbeitsgesellschaft und ihrer »Entfremdung« in ihr Gegenteil verkehrt. Die intensivierten Arbeitsverhältnisse des Postfordismus lassen so etwas wie eine Entfremdung des Subjekts von seiner Arbeit kaum noch zu. Das ist die verwirklichte schlechte Utopie der kapitalistischen Verwertung: ein Volk von Arbeitskraftunternehmerinnen, von Selbstoptimierern, von mit ihrer Arbeit verschmelzenden Einzelnen. Das zunehmende Unbehagen daran, die Risse, die sich seit einiger Zeit in diesem System zeigen – sie sind eine zwar noch nicht dominante, aber doch immer mächtigere Kulturströmung. Noch aber ist die Umklammerung durch die herrschende Lebensweise scheinbar übermächtig.

5. DER UNTERSCHIED DES DENKENS

Die entscheidende Behauptung eines jeden emphatischen Denkens lautet: dass das Denken einen Unterschied macht, dass es eine verändernde Kraft hat. Diese Kraft ist eine doppelte. Zum einen die Kraft der Erhellung und Erleuchtung: durch ein neues Licht, einen neuen Blick oder einen neuen Begriff erscheint etwas mit einem Mal ganz anders. Zum anderen gibt es auch die Kraft der Idee: Sie ist ein Impuls, etwas in der Wirklichkeit nicht nur anders zu »denken«, sondern auch anders zu »machen«, umzugestalten nach einer neuen Einsicht.

6. ALS OB II

Kants kategorischer Imperativ, Nietzsches Lehre der Ewigen Wiederkehr als ethische Existenzverschärfung, Adornos Standpunkt der Erlösung und noch so viele andere philosophische Lehren haben die Form eines »Als ob«: eine Ethik, die ihre Maximen aus einer sozusagen fingierten Verallgemeinerung gewinnt. Wir tun so, als ob es immer auf uns ankäme, in jedem Moment – als ob jeder unserer Gedanken und jede Handlung über uns hinaus eine modellhafte, exemplarische Bedeutung hätte. Mal sieht es dabei so aus, als ob wir uns dabei einem allgemeinen Gesetz unterwürfen und uns zur Funktion desselben machten. Mal sieht es eher so aus, als ob wir uns als Zentrum der Welt begreifen: als ob in uns sich das Schicksal entschiede. Es handelt sich um zwei extreme Formen der Verallgemeinerung, die sich indessen auf merkwürdige Weise berühren.

7. ÄSTHETIK UND ETHIK DES BEILÄUFIGEN UND DES MITSEINS

Die wichtigen Dinge werden nebenher bearbeitet und erledigt. Man sitzt beisammen und putzt nebenher die Bohnen oder die Schuhe; näht Knöpfe an oder hört Radio; hütet die Kinder, kocht oder knetet den Teig. Im Alltag dominiert eine Logik der Beiläufigkeit und des Nebeneinander. Auch das gemeinsame Essen funktioniert so: Mitsein, Sprechen, kauen, alles zugleich. So ist das gemeinsame Sein insgesamt eines der mehrfachen Aufteilung und der mehrfachen Bewohnung desselben Zeitraums, unterteilt in verschiedene Tätigkeiten – ein Ineinander verschiedener Bezüge.

8. TOLERANZ

Toleranz ist eine schöne Sache, es scheint einleuchtend: den anderen (so) sein lassen, wie er ist, in seiner irreduziblen Andersheit und Fremdheit. Das Ziel dabei ist, wie Adorno sagt, ohne Angst verschieden zu sein. Aber kann das als Ziel genügen? Kann es überhaupt ein sinnvolles Ziel sein? Vielleicht ist das hier ein falscher Gedanke: die Idee, dass die übliche Norm und die üblichen Gewohnheiten der bürgerlichen Gesellschaft ungefähr so bleiben wie sie sind, dass sie aber an ihren Rändern alle möglichen Abweichungen und Ausnahmen von der Norm tolerieren könnten. Muss das fortschrittliche Ziel in Wirklichkeit nicht gerade die Veränderung der Norm sein, der Wandel des Gewohnten und Normalen, also der Gewöhnlichen, Normalen und Angepassten? Es ist illusorisch zu meinen, die anderen würden uns lassen, wie wir sind, und selbst könnten sie bleiben, wie sie sind. Letztlich geht es immer um die Veränderung der Norm, des Maßstabs und des normalen Lebens. Vielleicht war in mancherlei Hinsicht die Perspektive, das emanzipatorische Begehren der bürgerlichen Linksintellektuellen im 20. Jahrhundert eben noch unvollkommen: die Durchsetzung zum Teil recht verwegener Normabweichungen. Vielleicht ist das Problem, dass die Norm selbst in ihrer Grundschicht unverändert blieb: das Lebensgefühl der Mehrheit. Es wurde nie ein gesellschaftlich fortschrittliches, sondern richtete sich immer weiter in einem kleinbürgerlichen Horizont ein (freilich auf jeweils höherem Konsumniveau, mit scheinbar immer weniger Entsagungen). Dieses allgemeine Lebensgefühl liegt bleischwer auf der Gesellschaft. Kaum verwunderlich, dass die massenhafte Enttäuschung der illusionären Aufstiegs- und Sicherheitserwartungen der »Mitte« aggressive Abgrenzungen nach unten und politisch wie kulturell reaktionäre Phantasien hervorruft.

9. KULTURKRITIK, PESSIMISMUS, TRAUER

Beim Lesen von Peter Kurzecks *Vorabend* gerät man in einen gewaltigen kulturkritischen Sog. Die Chronik seiner oberhessischen Heimat ist eine großartige Zerstörungsgeschichte: Zerstörung der Kultur, der Landschaft, der Lebensformen – Zersiedelung, Straßenbau, Motorisierung, Die Schnellstraßen und Zubringer überall, die Einkaufszentren. Das ist das deutsche Wirtschaftswunder; in vielerlei Hinsicht ein Zerstörungswerk. Bauen, machen, verändern, immer weiter. Wie genau das beschrieben ist; mit einer ungeheuer apathischen Eindringlichkeit. Die Geschichte der Bundesrepublik als Abschied und Trauerspiel. Alles zubauen: Häuser, Anbauten an Häuser, Straßen, Einkaufszentren, Autos, immer mehr. Die Dorfkerne veröden: Verbreiterung der Straßen, die Gehwege werden immer schmaler; Verschwinden des Einzelhandels. Der Autor beklagt das Verschwinden, die Zerstörung seiner Heimat. Ein großer nostalgischer Gesang. Man kann nicht fortschrittlich sein, ohne vorher genau das große Zerstörungswerk des falschen Fortschritts genau betrachtet zu haben.

10. EINSAMKEIT UND TEILHABE: EINE LEBENSFORM

Es gibt zwei wesentliche Instinkte im Weltverhältnis insbesondere von Intellektuellen: den der Absonderung von den anderen, vom herrschenden Geist, von der Gesellschaft – und den der Teilhabe, des Wunsches nach sozialem Austausch, Verständigung und Anerkennung. Die intellektuelle Arbeit ist Teil einer Lebensform, in welcher diese beiden Bedürfnisse der Absonderung und der Teilhabe eine höchst widersprüchliche Verbindung eingehen. Man sollte hinzufügen, eine Verbindung, die vielen kaum bewusst ist. Man könnte sagen, dass ein großer Teil der Übertreibungen und Vereinseitigungen in der kulturellen Arbeit aus der Verdrängung dieses komplexen Gefüges resultieren: aus dem Wunsch, hier Eindeutigkeit zu erzeugen. Den

Widerspruch entfalten, aushalten und in Form bringen – das wäre die Aufgabe intellektueller Arbeit und Lebensform.

11. SELBSTKRITIK DES BÜRGERLICHEN (LINKS-)INTELLEKTUELLEN

Das traditionelle Schuldgefühl bürgerlicher Linksintellektueller hat sich mit der Zeit erübrigt. Immer weniger von ihnen haben wirklich gesellschaftlich privilegierte Positionen inne, die sie den Niederungen der bürgerlichen Arbeitsgesellschaft entheben würden. Sie müssen einen immer höheren Preis dafür bezahlen, um von ihrer Arbeit überhaupt leben zu können. Der Preis ist der Verlust des spezifischen Abstands der intellektuellen Existenzweise zur Gesellschaft und ihrem Realitätsprinzip: eine fortschreitende Verschlechterung der Arbeits- und Lebensbedingungen. Das bedeutet, der Kurswert des kulturellen Kapitals ist gefallen: Es kann nur noch zu sehr schlechten Wechselkursen in ökonomisches oder symbolisches Kapital umgetauscht werden. Dem entziehen sich immer mehr Gebildete und gehen den Weg in die Marginalität (ins Doppelleben, ins Prekariat, in die Unsichtbarkeit). Das bedeutet: Für schlechtes Gewissen gibt es bei diesen Intellektuellen daher keine Veranlassung mehr. Der Tauschwert der Bildung ist extrem gesunken. Dadurch aber tritt der (bislang immer beschworene, faktisch aber unterdrückte) »Gebrauchswert« geistiger Fähigkeiten in den Vordergrund; der intrinsische Wert humanistischer, historischer und politischer Bildung. Das ermöglicht zwar auch gewisse »Distinktionen«, aber eben immer weniger Distinktionen, die mit sozialen Positionsvorteilen verbunden sind oder diese repräsentieren. Geistige Werte werden tendenziell immer mehr zu »Eigenwerten«: um ihrer selbst willen gesuchte Zwecke und Lebensformen.

12. DER UNTERSCHIED – PASSION DER UNGLEICHHEIT

Bourdieu sagt es mit Härte und Deutlichkeit: Das Wesen des Sozialen ist der Unterschied. Es ist der Unterschied der sozialen Positionen. Dieser Unterschied ist es, um den sich alles dreht: die Klassenunterschiede und Statusunterschiede zwischen Einzelnen und Gruppen. Darum kämpfen sie; das produzieren und reproduzieren, das erleiden und genießen sie. Die unterschiedlichen Positionen in der Gesellschaft sind nicht nur das, was man hat oder was man besetzt. Sie sind auch das, was gezeigt und ausgestellt wird; mal diskret und fein, mal offener und brutaler. Die Ungleichheit ist das Wesen der bisherigen Gesellschaft, ihre zugleich materielle und symbolische Grundordnung. Sie ist die Voraussetzung und das Produkt aller sozialen Auseinandersetzungen. Jeder Staat, jedes politische Projekt, jede kulturelle Idee positioniert sich im

Hinblick auf dieses soziale Urphänomen: Akzeptieren oder bekämpfen wir die inegalitäre gesellschaftliche Grundstruktur? Folgen wir in unserem Leben, folgen wir mit unserer persönlichen, beruflichen und politischen Praxis einer inegalitären oder einer egalitären Idee?

13. STELLE – JEDE AN IHREM PLATZ, JEDER AN SEINEM PLATZ

Das metaphysische Prinzip der Beschäftigung, seit den Tagen von Plato, ist das Prinzip der Stelle: der Fixierung des Subjekts im sozialen Raum, und des Verbrauchs oder der Ableistung von Zeit. Beides zusammen rechtfertigt die Existenz. Umgekehrt betrachtet sind alle gesellschaftlichen Institutionen, die Strukturen wie die Infrastrukturen, in letzter Instanz vor allem dazu da und dadurch gerechtfertigt, dass sie uns beschäftigen (und ernähren). Die Industriearbeitsplätze, die Dienstleistungsjobs, die fadenscheinigen Projekte und Stellen des Kultur- und Wissenschaftsbetriebs und große Teile des Staatsapparats: Wir unterwarfen uns, bisher, der Macht der verschiedenen sozialen Systeme und Felder, weil sie uns Stellen geben, Existenzrechtfertigungen. Sie geben uns ein »Recht zu leben«, die Anerkennung unserer Existenz. Und deswegen müssen wir, so scheint es, auch ihre Existenz erdulden, fördern, wünschen. Selbst dort, wo es keine »feste« Stelle ist, beim »Projekt«, wie es für viele

daß der Kurs des kulturellen Kapitals gefallen ist: Es kann nur noch zu sehr schlechten Wechselkursen in ökonomisches und symbolisches Kapital umgetauscht werden. Dem entziehn sich immer mehr Gebildete und gehen den Weg in die Marginalität (ins Doppelleben, ins Prekariat, in die Unsichtbarkeit). Das bedeutet: Für schlechtes Gewissen gibt es keine Veranlassung mehr, da der Tauschwert der Bildung extrem gesunken ist. Dadurch aber tritt der (bislang immer beschworene, aber unterdrückte) Gebrauchswert der geistigen Fähigkeiten in den Vordergrund: der wirklich intrinsische Wert humanistischer Bildung. Ihn gilt es jetzt zu beanspruchen. Das ermöglicht zwar auch gewisse „Distinktionen", aber eben immer weniger Distinktionen, die mit sozialen (oder diese erzeugenden) Positionsvorteilen verbunden sind. Immer mehr werden die geistigen Werte Eigenwerte sein müssen: um ihrer selbst gewillte Selbstzwecke und Lebensformen. (Das diskutierende gebildete Publikum enthält die Utopie solcher reinen Gebrauchswerte: die Utopie einer freien Entwicklung des Geschmacks und des allgemeinen Urteilsvermögens.)

206.

Passion der Ungleichheit – Der Unterschied

Bowdine sagt es mit aller Härte und Deutlichkeit: Das Wesen des Sozialen ist der Unterschied. Es ist der Unterschied der sozialen Positionen. Dieser Unterschied ist es, um den sich alles dreht: die Klassen- und Statusunterschiede zwischen den Einzelnen und Gruppen. Darum kämpfen sie; das produzieren und reproduzieren, das erleiden und genießen sie. Die unterschiedlichen Positionen in der Gesellschaft sind nicht nur das, was man hat oder was man besetzt. Sie sind auch das, was gezeigt und ausgestellt wird; mal diskret und fein, mal offener und brutaler. Die Ungleichheit ist das Wesen der Gesellschaft, ihre zugleich materielle und symbolische Ordnung. Sie ist die Voraussetzung und das Produkt aller sozialen Auseinandersetzungen. Jeder Staat, jedes politische Projekt positioniert sich, entscheidet sich im Hinblick auf dieses soziale Urphänomen: Betreiben wir eine Politik der Gleichheit oder eine der Ungleichheit? Spekulieren wir auf die produktiven Effekte des ‚Antagonismus', wie Kant sagt? Spekulieren wir auf die segensreichen Folgen der ‚ungeselligen Geselligkeit', des allgemeinen Kampfes um die Positionen

Bereiche der Kultur bestimmend ist, ging es bisher vor allem um diese Existenzrechtfertigung. Es geht heute darum, gemeinsam aus dem Schatten dieses Zwangs zur permanenten Rechtfertigung herauszutreten.

14. HABITUS – AUSNAHME UND REGEL

Der Bruch mit dem Alltag, mit den Regeln des Gewöhnlichen, erschien lange Zeit als einzig mögliche avancierte intellektuelle Praxis. Aus den konkreten Ordnungen der bürgerlichen Gesellschaft ausbrechen; mit ihr brechen und etwas ganz anderes erschaffen. Dominierende intellektuelle Figuren waren der revolutionäre Bruch und die subversive Störung. Eine Art systematischer Revolutionsromantik, welche sich nicht so sehr darum kümmerte, was nach der Revolution geschehen würde. Deswegen hat es heute den Anschein, als ob gar nicht so viel passiert wäre. 1968, all die sozialen, politischen und kulturellen Bewegungen in der und gegen die bürgerliche Gesellschaft: Es scheint, sie wären entweder gescheitert oder von der bestehenden Gesellschaft vereinnahmt, ihre Energie zu Zwecken der Anpassung und Weiterentwicklung des herrschenden Systems angeeignet worden. Und es scheint, als ob darin eine Art objektive Logik der Geschichte läge. Das ist aber ein Kategorienfehler. Denn in Wirklichkeit ist es wohl eher so, dass die kulturelle und politische Kraft der Linken nicht ausgereicht hat, um die festgefügten Machtstrukturen der bürgerlichen Gesellschaft, das Ensemble von kapitalistischer Produktionsweise, antagonistischem Arbeitsmarkt, patriarchaler Kleinfamilie und paternalistischem Staat zu verändern. Es gelang nicht, in diesen vier Bereichen die Regeln zu ändern. Es gelang nicht, ein Bild und eine Praxis zu entwickeln für eine Ordnung, die nicht in der bisherigen Weise durch eine repressive Verknüpfung von kapitalistischer Produktionsweise, Vollzeit-Lohnarbeit als wichtigstem, den Alltag strukturierenden Realitätsprinzip, geschlechtsspezifischer Arbeitsteilung und bürokratisch-technokratischem Staat gekennzeichnet wäre. Daher blieben eben diese kapitalistische Produktionsweise, Lohnarbeit und »Arbeitsplätze«, bürgerliche Kleinfamilie mit ihrem Geschlechtervertrag, und bürokratischer Staat die wichtigsten Instanzen und Garanten gesellschaftlicher Realitätsproduktion und Sozialisation. Die Krise, in der sich die kapitalistischen Gesellschaften und ihre Staaten seit geraumer Zeit befinden, re-stabilisiert eher, so scheint es, die vier wichtigsten Institutionen der bürgerlichen Gesellschaft in ihrer Geltung. In der Krise wird Stabilität überhaupt, das Bestehen der normalen Ordnung, wieder zu einem in mancher Hinsicht lagerübergreifenden Common Sense – zu einem neuen Sehnsuchtspol.

Insofern kann man sagen, dass wir ein paar verlorene Jahrzehnte hinter uns haben. Die Legitimationsprobleme des Spätkapitalismus, der Lohnarbeit, des bürokratischen Wohlfahrtsstaats und der bürgerlichen Kleinfamilie haben nicht wirklich zu einer Transformation dieser sozialen Institutionen geführt. Gerade wenn so vieles sich ändert an den gesellschaftlichen Verhältnissen und von den Einzelnen so viel Veränderung und Anpassung erwartet wird, scheinen stabile Institutionen eine Art Ersatz für eine emanzipatorische Veränderung der Institutionen zu werden. Eine solche Änderung selbst aber kann niemals als bloßer Bruch mit diesen vier Institutionen gelingen, sondern nur in Form ihrer praktischen fortschrittlichen Transformation. Dafür brauchen wir nicht nur Ausnahmen, sondern neue Regeln und Konventionen für das Zusammenleben: neue Modelle der Arbeitsteilung zwischen den Klassen, Geschlechtern und Generationen; neue Zuständigkeitsnormen und Rollenmuster. Wir brauchen eine Neuerfindung des »Alltags«. Unser Habitus ist es (die tief verinnerlichten und verkörperten sozialen Handlungsmuster), der fortschrittlich transformiert werden muss. Das einzige Beispiel, wo sich auf diesem Feld etwas fast revolutionär verändert hat, ist der weibliche Habitus: die scheinbar natürliche Disposition von Frauen für die Verrichtung von unbezahlter Betreuungs- und Familienarbeit. Und gerade hier kann man sehen, wie wenig diese Entwicklung heute unter geschlechts- wie sozialpolitisch emanzipatorischen Bedingungen stattfindet. Staat und Kapital haben sich auf die Losung der Steigerung weiblicher Erwerbstätigkeit geeinigt und es geschafft, diese höchst einseitige Programmatik als emanzipatorisch erscheinen zu lassen. Der öffentliche politische wie intellektuelle Diskurs steht dieser Version der »Gleichberechtigung« bisher fast ohnmächtig gegenüber.

Auch dieses Beispiel zeigt, dass es nur ein anderes hegemoniales Projekt sein kann, welches die bestehende Ordnung der Dinge fortschrittlich verändern kann. Die zutiefst androzentrische kulturelle Hegemonie der Erwerbsarbeit ist aus den politischen und kulturellen Kämpfen der letzten Jahrzehnte triumphal als wichtigster kultureller Referenzpunkt hervorgegangen: Selbstverwirklichung im Beruf als letzter Garant von Lebenssinn und sozialer Anerkennung. Der Triumph der maskulinen Bedeutungsökonomie als perverse Form weiblicher »Befreiung«: Universalisierung der warenförmigen Selbstzurichtung des Subjekts. Hier zeigt sich, dass das Spezifische emanzipatorischer Bestrebungen nur noch in dem umfassenden Anspruch liegen kann, das Leben und die Lebensweise insgesamt zu ändern. Dazu gehören neue Normalitätsvorstellungen der Organisation des Alltags und der sozialen Arbeitsteilung, und neue Normen von sozialem Sinn und Anerkennung, die erst einen neuen Habitus hervorbringen könnten. Ohne das Bild eines anderen Lebens, und ohne alltagspraktische Modelle eines solchen, ist das nicht möglich.

15. LEIDEN ALS QUALIFIKATION UND DISTINKTIONSMERKMAL

Wer nicht an der Gesellschaft leidet, dem ist nicht zu helfen. Wer kein Problem der Entfremdung und Unzufriedenheit mit den Verhältnissen hat, der ist entweder ein beneidenswertes Phänomen der Natur; ein Glückspilz, der auf Kosten anderer einen besonders günstigen Platz in der Gesellschaft ergattert hat; ein Konservativer, der mit dem Bestehenden einverstanden ist; jemand, der Leiden und Unzufriedenheit psychisch verdrängt, um besser zu funktionieren; oder jemand, der Leiden und Unzufriedenheit aus ideologischen Gründen verdrängt – damit seine Theorie, sein Weltbild, seine Professionsethik weiter stabil bleiben. Oder er ist einfach ein Dummkopf. Die Versuchung der kritischen Linksintellektuellen ist: das perverse Genießen des eigenen wie fremden Leidens; des Schlechten und Falschen der Welt im Modus eines gleichsam theologischen Bescheidwissens über das Böse. Die fortschrittliche Intellektuelle kennt diese gefährliche Klippe. Sie umschifft sie, indem sie nicht so sehr auf die Sirenenklänge der Kenntnis des Falschen hört als auf die Stimme des eigenen Begehrens – in dem man niemals nachlassen darf.

NAMENSVERZEICHNIS

Adorno, Theodor W. 11, 13, 19, 34, 36, 37, 38, 50, 55, 58, 65, 74, 77, 78, 84, 91, 92, 93, 94, 95, 106, 107, 108, 111, 113, 114, 116, 117, 118, 136, 137, 140, 141, 142, 144, 148, 162, 163, 164, 165, 175, 176
Agamben, Giorgio 26, 80, 97, 117, 119
Aristoteles 158
Badiou, Alain 85, 135, 140
Bataille, Georges 17
Beckett, Samuel 140
Benjamin, Walter 14, 15, 26, 58, 59, 76, 77, 93, 111, 119
Boltanski, Luc; Chiapello, Ève 134
Bourdieu, Pierre 18, 23, 30, 35, 112, 113, 117, 118, 136, 137, 139, 180
Bröckling, Ulrich 46, 47
Deleuze, Gilles 26, 46, 47, 134, 140
De Duve, Tierry 41, 51, 163, 169
Diamant, Dora 70, 71
Duchamp, Marcel 51
Foucault, Michel 46, 47, 118
Gehlen, Arnold 111
Gramsci, Antonio 38
Groys, Boris 112
Guattari, Félix 134
Habermas, Jürgen 78

Hegel, Georg W. F. 38, 126
Heidegger, Martin 84, 91, 113
Horkheimer, Max 34, 55
Hume, David 35
Kafka, Franz 70, 71, 72, 76, 77, 140
Kant, Immanuel 19, 28, 37, 44, 87, 92,
    94, 149, 152, 154, 155, 175
Kojève, Alexandre 126
Kumpfmüller, Michael 70
Kurzeck, Peter 177
Lacan, Jacques 188
Lyotard, Jean-François 16, 110
Marx, Karl 28, 64, 68, 81, 114
Melville, Herman 26
Nancy, Jean-Luc 117
Negri, Toni 35
Nietzsche, Friedrich 27, 35, 116, 125,
    140, 154, 175
Nussbaum, Martha 29
Plato 181
Schelsky, Helmut 13
Valéry, Paul 148
Weber, Max 102
Weizmann, Eyal 134
Wittgenstein, Ludwig 43, 77, 90, 91,
    92, 113
Žižek, Slavoj 145